A. P. SINNETT

LE

BOUDDHISME ÉSOTÉRIQUE

(Traduit de l'anglais)

3ᵉ ÉDITION

Le

Bouddhisme ésotérique

A. P. SINNETT

LE BOUDDHISME ÉSOTÉRIQUE

(Traduit de l'anglais)

3e ÉDITION

LA FAMILLE THÉOSOPHIQUE S. A.

4, SQUARE RAPP

PARIS - VIIe

—

1923

PREFACE A LA PREMIERE EDITION

Les enseignements exposés dans ce volume éclairent d'une vive lumière certaines questions touchant les doctrines bouddhistes qui ont embarrassé profondément jusqu'à présent les spécialistes — et offrent pour la première fois la clef de l'interprétation de presque tout le symbolisme religieux de l'antiquité. — On constatera même que la doctrine ésotérique, bien comprise, s'impose à l'attention des penseurs sincères. Ses déclarations ne nous sont pas présentées comme l'invention d'un prophète ou d'un fondateur de religion. Elle ne cherche pas ses témoignages dans des recueils d'écritures. Ses conceptions de la nature ont été obtenues grâce aux recherches d'une immense succession d'investigateurs, qualifiés pour leur tâche par la possession de facultés spirituelles et de perceptions d'un ordre supérieur à celles de l'humanité ordinaire. Au cours des siècles, la masse de connaissances ainsi accumulée, concernant l'origine du monde et de l'homme, et les destinées ultimes de notre race, concernant aussi la nature d'autres mondes et de modes d'existence différents du nôtre, ce corps de connaissances examiné, critiqué, vérifié à chaque pas, constamment remis en observation, a fini par être considéré par ses détenteurs comme constituant la vérité absolue, quant aux choses spirituelles, et la peinture exacte des faits observables dans ces vastes régions d'activité vitale qui sont au delà de notre existence terrestre.

La philosophie européenne, vis-à-vis de la religion ou de la métaphysique pure, a si longtemps constaté l'insécurité de spéculations qui dépassent les limites de l'expérience physique, que les penseurs prudents ne reconnaissent plus, comme un objet raisonnable de recherche, la vérité spirituelle absolue ; — mais les habitudes de pensée sont différentes en Asie. La doctrine secrète qu'il m'est aujourd'hui donné d'exposer très largement y est considérée, non seulement par tous ses adeptes, mais par nombre de personnes qui n'ont jamais espéré en savoir plus que le nom, comme une mine de connaissances entièrement digne de foi, d'où toutes les religions et toutes les philosophies ont tiré la vérité qu'elles possèdent, et que toute religion doit proclamer si elle veut prétendre à enseigner la vérité.

C'est là, je le confesse, une affirmation bien téméraire, mais parce que je crois qu'elle peut être justifiée, je ne crains pas d'avancer que le présent ouvrage est d'une importance capitale pour l'humanité entière.

Je ne dis pas que ce volume prouvera l'authenticité de la doctrine ésotérique. Une telle preuve n'est pas du ressort de la logique ; elle est dans le développement en chaque étudiant des facultés requises pour l'observation directe de la Nature d'après la méthode indiquée. Mais l'étudiant peut être amené à entreprendre ce développement par la confiance que lui inspirera l'exposé des lois naturelles qui va suivre, et les facultés d'observation de ceux qui l'ont révélé.

On supposera peut-être que l'étendue même de la revendication faite ci-dessus, au nom de la doctrine ésotérique, l'élève au-dessus du domaine circonscrit par le titre de cet ouvrage, et qui est l'étude de la signification réelle et profonde de cette religion spéciale qu'on nomme le Bouddhisme. Mais ce Bouddhisme ésotérique, bien que ne se dissociant pas du Bouddhisme exotérique, ne doit pas être regardé comme un *imperium in imperio*, un centre intérieur de culture au sein du monde bouddhiste. A mesure que le Bouddhisme se retire dans le sanctuaire de sa foi, il constate que ce sanctuaire est commun à toutes les autres religions du monde. La cosmogonie et la science de la nature sur lesquelles le Bouddhisme est fondé et qui constituent le Bouddhisme ésotérique, constituent également le Brahmanisme ésotérique. Et la doctrine ésotérique est ainsi considérée par ceux de toutes les religions qui sont « illuminés », au sens bouddhiste, comme la vérité absolue concernant la nature, l'homme, l'origine de l'univers et les fins où tendent ses habitants. D'autre part, le Bouddhisme exotérique a conservé avec la doctrine ésotérique un contact plus étroit que toute autre grande religion. Aussi son ésotérisme s'associera-t-il irrésistiblement, dans la pensée de nos lecteurs occidentaux, aux doctrines familières du Bouddhisme lui-même. Elles lui devront une portée profonde dont elles semblent généralement dépourvues, et c'est là une raison excellente pour étudier la doctrine ésotérique sous son aspect bouddhiste. Si puissante a été l'influence de Gautama Bouddha que, bien que l'essence de la doctrine remonte à une bien plus haute antiquité, la pensée bouddhiste a maintenant coloré sa substance tout entière. C'est donc bien le Bouddhisme ésotérique que je vais exposer, et pour l'étudiant européen, toute autre désignation serait inadéquate.

Il faudra lire ce qui suit dans son entier, avant qu'on puisse comprendre pourquoi les initiés de la doctrine ésotérique regardent comme d'immense importance la concession qu'implique la présente révélation des grandes lignes de leur doctrine. Une explication de cette attitude réside dans le caractère profondément sacré que les antiques détenteurs des vérités cachées de la nature y ont de tout temps attaché, et qui a jusqu'à présent empêché sa divulgation à la masse des profanes. Et certes un grand nombre de disciples initiés regarderont avec surprise et regret l'abandon de cette politique de secret absolu, de tradition immémoriale, que représente la publication de cet ouvrage. Ce sera pour eux une terrible profanation des grands mystères que de voir livrées à une critique peut-être incompétente et irrespectueuse des doctrines considérées jusqu'ici comme trop sacrées pour être mentionnées ailleurs qu'en des occasions dignement solennelles. Mais du point de vue européen, il serait déraisonnable d'espérer que ce livre pût échapper à ce maniement dénué de douceur qui attend toutes les idées nouvelles, et qui dans le cas présent se doublera d'une inimitié particulière de la part des convictions étroites ou de la bigoterie banale. Mais tout cela, bien que très naturel pour un Européen comme moi, suscitera chez les anciens et plus authentiques détenteurs de la doctrine un sérieux chagrin et une vive répugnance. Ils en appelleront, pleins de tristesse, à la sagesse de la règle immémoriale qui, selon l'antique symbole, interdisait de répandre les perles devant les pourceaux.

Il est heureux, à mon avis, que la règle ait été levée en faveur de ceux qui, bien que très loin d'être initiés, au sens occulte du terme, ont probablement acquis, par la seule force de la culture moderne, la possibilité d'apprécier cette concession.

Une partie des informations contenues dans ce volume fut tout d'abord avancée par fragments dans le *Theosophist*, revue mensuelle publiée à Madras par les chefs de la Société Théosophique. Comme presque tous ces articles sont sortis de ma plume, je n'ai pas hésité à en incorporer des parties dans cet ouvrage, quand cela m'a paru utile. Il y a ainsi un certain avantage à montrer comment les fragments séparés de la mosaïque qui furent présentés jadis au public, trouvent leur place naturelle dans le dessin (approximativement) terminé.

La doctrine, ou système, que j'expose à grands

traits, a été si jalousement gardée jusqu'ici que nulle recherche purement littéraire, même la plus minutieuse, n'aurait pu découvrir dans l'Inde entière le moindre rudiment de cette doctrine ici révélée. Elle est enfin donnée au monde par la libre grâce de ceux qui en ont eu jusqu'à présent le dépôt ; rien n'aurait pu leur en arracher une seule syllabe. Seules les explications que nous fournissons ici peuvent permettre de critiquer ou même de comprendre leur position vis-à-vis, soit de leurs révélations actuelles, soit de leur réticence passée. Les conceptions de la nature que nous exposons sont absolument nouvelles pour les penseurs européens, et l'attitude des initiés de la science ésotérique, résultant de leur longue intimité avec ces conceptions, ne saurait être jugée que d'après les données particulières de la doctrine elle-même.

Quant aux circonstances dans lesquelles ces révélations furent tout d'abord présentées dans le *Theosophist* et sont maintenant complétées et organisées au point où mes lecteurs les voient, qu'il me suffise de dire pour l'instant que la Société Théosophique, par l'entremise de qui j'ai reçu les matériaux du présent travail, doit sa fondation à certaines personnes qui sont parmi les détenteurs de la science ésotérique. La doctrine enfin révélée au bénéfice de tous ceux qui sont mûrs pour la recevoir, devait, depuis la fondation de la Société Théosophique, être donnée au monde par elle ; et ce sont seulement des circonstances récentes qui m'ont désigné comme un agent plus commode pour cette communication.

Je dois ajouter que je ne me considère pas comme le seul protagoniste, à notre époque, de la Vérité Théosophique. Cet exposé est, en ce qui concerne la connaissance philosophique, le résultat des relations avec le monde extérieur que les Gardiens de la Vérité ésotérique ont établies *par mon intermédiaire*. Et je ne puis avoir de connaissance certaine que des actes et intentions de ces Instructeurs ésotériques qui ont bien voulu se servir de moi. Mais, sous diverses formes, plusieurs autres auteurs semblent tenter d'exposer devant le monde, et, à ce que je crois, d'après un vaste plan préconçu, d'autres aspects des mêmes vérités que j'ai moi-même reçu mission de dévoiler. Peut-être la grande activité actuelle des spéculations littéraires concernant les problèmes qui dépassent les bornes de la science physique est-elle aussi, en quelque sorte, provoquée par cette même attitude des Grands Détenteurs de la Vérité ésotérique dont mon livre est certainement l'une des manifestations. D'autre part, nous constatons l'ardeur toute nouvelle que montrent dans les *Recherches Psychiques* les hommes de talent, de culture et de distinction qui dirigent à Londres cette société ; et c'est mon intime conviction, fondée sur une certaine connaissance de la façon dont les aspirations spirituelles du monde sont silencieusement influencées par ceux dont c'est là précisément la fonction, que cette activité est le fruit évident d'efforts parallèles à ceux que je sers actuellement.

Il me reste maintenant à renier, vis-à-vis de l'ouvrage qui suit, toute prétention au « fini » quant au langage dans lequel il est écrit. Une plus longue familiarité avec le vaste et complexe système cosmogonique qui s'y déroule suggérera sans nul doute une phraséologie plus exacte et meilleure. Il y a deux ans, ni moi, ni aucun Européen vivant ne connaissait même l'alphabet de la science exposée ici sous forme systématique, pour la première fois, sous forme d'un essai de systématisation, tout au moins, de la science des Causes Spirituelles, de leurs Effets, de la Conscience Hyperphysique, de l'Evolution cosmique. Bien que nombre d'idées aient été déjà présentées sous le voile plus ou moins opaque de la symbologie mystique, aucune tentative n'avait jamais été faite par un Instructeur ésotérique jusques il y a deux ans, pour proclamer cette doctrine dans l'ordonnance de son abstraction pure. A mesure que mon instruction avançait dans cette voie, il me fallait trouver des phrases et suggérer des mots pour exprimer les idées qui s'offraient à mon intelligence. Je ne suis aucunement convaincu que dans tous les cas j'aie trouvé les meilleures phrases possibles ou le mot le plus brièvement expressif. Par exemple, au début même de l'ouvrage, se présente la nécessité de donner un nom aux divers éléments ou attributs dont se compose l'homme complet. J'ai dû rejeter le mot « élément » en raison de la confusion qui résulterait de ses autres acceptions, — et le terme somme toute le moins sujet à la critique me semble celui de « principe », encore que l'esprit habitué aux finesses de l'expression métaphysique puisse trouver quelque inexactitude dans certaines de ses applications présentes. Il est donc tout à fait possible qu'avec le temps, la nomenclature occidentale de la doctrine ésotérique perfectionne grandement mes créations provisoires. La nomenclature orientale est beaucoup plus précise, mais le sanscrit métaphysique met le traducteur dans un terrible embarras, dont il faut rejeter la faute, non sur le sanscrit lui-même, me disent mes amis hindous, mais sur le langage par lequel ils s'efforcent maintenant d'exprimer l'idée du sanscrit. Nous pourrons constater bientôt qu'à l'aide de quelques emprunts à la langue grecque qui nous est plus familière, l'anglais se montrera plus accessible à la nouvelle doctrine, ou plutôt à l'antique doctrine récemment dévoilée, qu'on ne l'avait cru possible en Orient.

PREFACE DE L'EDITION ANNOTEE

Depuis la publication de ce livre, au commencement de 1883, j'ai obtenu beaucoup de renseignements supplémentaires sur plusieurs des problèmes dont il traite. Mais je puis déclarer avec satisfaction que si ces informations ultérieures m'ont fait constater l'insuffisance de ma conception primitive de la doctrine ésotérique, du moins cette conception ne contenait pas d'erreur matérielle. J'ai même reçu, du grand Adepte qui fut mon instructeur, l'assurance personnelle que cet ouvrage, sous sa forme actuelle, constitue un exposé exact et sincère du système de la Nature, tel que le comprennent les initiés de la science occulte ; exposé susceptible de développement ultérieur, si l'intérêt qu'il suscite est assez vif et assez général pour en faire éprouver le besoin, mais qu'il n'y a pas lieu de modifier ni de corriger. Fort de cette assurance, j'ai cru bien faire en présentant mes informations et conclusions nouvelles sous la forme d'annotations à chaque branche du sujet, au lieu de les intercaler dans le texte original que, dans ces conditions, j'hésitais à modifier d'une manière quelconque.

La preuve qu'il existe une harmonie générale

entre cet enseignement et les doctrines philosophiques admises par d'autres grandes écoles hindoues, c'est que cet accord se trouve implicitement reconnu dans la critique même de ce livre, publiée dans la Revue indienne *The Theosophist* de juin 1883, par un « Brahmane hindou ». L'auteur me reprochait de m'être éloigné sans nécessité, en interprétant la doctrine ésotérique, de la nomenclature sanscrite courante ; sa critique portait sur ce seul point, qu'il m'est arrivé de donner des noms peu familiers à des idées déjà incorporées dans les écritures saintes de l'Inde, et que c'est faire trop d'honneur au système religieux connu sous le nom de Bouddhisme, que de le représenter comme plus étroitement allié que tout autre à la doctrine ésotérique. « La sagesse populaire de la majorité des Hindous actuels », dit mon critique Brahmane, « est plus ou moins teintée de la doctrine ésotérique enseignée dans le livre de M. Sinnett, mal nommé *Bouddhisme ésotérique*, tandis qu'il n'y a pas de village ou de hameau dans l'Inde entière où le peuple ne soit plus ou moins au courant des sublimes doctrines de la philosophie Védanta... »

« Les effets du Karma dans la prochaine réincarnation, la jouissance de ses fruits bons ou mauvais dans un état d'existence subjectif ou spirituel précédant la réincarnation de la monade spirituelle dans ce monde-ci ou dans un autre, le séjour d'âmes inassouvies ou de coques humaines sur la terre (Kama loca), les périodes de pralaya et de manvantara... sont des notions non seulement intelligibles, mais même familières à un très grand nombre d'Hindous, sous d'autres noms que ceux dont s'est servi l'auteur du *Bouddhisme ésotérique*. »

Tant mieux, me permettrai-je de répondre, en me plaçant au point de vue des lecteurs occidentaux ; car il leur est assez indifférent de savoir laquelle des religions hindoue ou bouddhiste se rapproche davantage de la vraie science spirituelle ; et celle-ci ne devrait certainement pas porter de nom qui parût l'associer à une croyance extérieure plutôt qu'à une autre. Tout ce que nous pouvons désirer, en Europe, c'est d'arriver à une compréhension exacte des principes essentiels de cette science ; et quand nous constatons que les principes définis dans ce livre sont revendiqués par les représentants autorisés de plusieurs des grandes religions orientales, comme incarnant les vérités fondamentales de leurs divers systèmes, nous n'en sommes que mieux disposés à accorder notre attention au présent exposé de la doctrine.

Quant au reproche en lui-même, que le titre de ce livre ne traduirait pas fidèlement les enseignements présentés ici sous forme intelligible, je ne puis mieux faire que de citer la note par laquelle l'éditeur du *Theosophist* répondait à son correspondant Brahmane : « Nous insérons la lettre ci-dessus parce qu'elle exprime, dans un langage courtois et avec talent, l'opinion d'un grand nombre de nos frères hindous. Il est à remarquer cependant que le titre de *Bouddhisme ésotérique* donné par M. Sinnett à son dernier ouvrage, ne signifie pas que la doctrine exposée doive être identifiée avec telle croyance religieuse particulière ;

mais *Bouddhisme* veut dire ici la doctrine des *Bouddhas*, des Sages, c'est-à-dire la Religion de la Sagesse. »

Pour moi, je déclare accepter pleinement cette explication. Ce serait en effet méconnaître le but de ce livre que de lui supposer l'intention de recommander, au goût moderne des dilettanti, la conception de telle ou telle des religions de l'ancien monde. Les formes extérieures et les fantaisies de la religion peuvent être plus ou moins pures ou corrompues selon les époques, mais elles sont invariablement adaptées à leur temps, et il y aurait de l'extravagance à vouloir les échanger comme équivalentes. Je ne me propose pas de recruter des adeptes au Bouddhisme parmi les adhérents de tel autre système, mais bien de présenter aux lecteurs sérieux d'Orient aussi bien que d'Occident une série d'idées capitales sur les vérités et les faits de l'évolution naturelle par laquelle s'accomplit le progrès humain, idées qui, ayant été communiquées à l'auteur par des philosophes orientaux, portent naturellement l'empreinte d'un moule oriental. On n'appréciera pleinement ces doctrines qu'après s'être bien rendu compte qu'elles rentrent plutôt dans le domaine scientifique que dans celui des controverses. Les vérités spirituelles doivent évidemment, si ce sont des vérités, pouvoir être traitées dans un esprit scientifique, tout aussi bien que les réactions chimiques. Aucun sentiment religieux, quelle qu'en soit la nuance, ne doit s'effaroucher en voyant s'introduire dans la science universelle des découvertes nouvelles sur la constitution de l'homme et

la nature de ses activités supérieures. La vraie religion trouvera un jour le moyen de s'assimiler
un grand nombre de connaissances nouvelles, puisqu'elle finit toujours par s'accommoder des con-
quêtes successives de la science dans le domaine
physique. Ces idées associées aux croyances religieuses peuvent de prime abord paraître décon-
certantes : c'est ainsi que la science géologique a
commencé par embarrasser la chronologie biblique;
mais on finit par s'apercevoir que l'essence du
récit biblique ne résidait pas dans l'interprétation
littérale des passages cosmogoniques de l'Ancien
Testament, et les conceptions religieuses ainsi al-
légées n'en devinrent que plus pures. Il en sera
exactement de même lorsque les sciences positives
aborderont l'étude des lois relatives au développement spirituel de l'homme : certaines conceptions
erronées de la nature, longtemps confondues avec
la religion, devront sans doute disparaître ; cependant on reconnaîtra que les idées fondamentales de la vraie religion sont sorties de cette
épreuve épurées et fortifiées. Les dissensions qui
déchirent le monde religieux s'apaiseront précisément au cours de ces progrès, car elles n'ont
d'autre cause que l'impuissance des sectes rivales
à saisir les faits fondamentaux. S'il arrivait un
temps où les idées qui servent de base à la religion pouvaient être définies avec la même certitude que quelques-unes des lois primordiales de
la physique, toute divergence d'opinion à leur sujet paraîtrait ridicule aux gens cultivés, et l'antagonisme religieux perdrait son âpreté. Les manifestations extérieures de la pensée religieuse reste-

raient différentes suivant les climats et les races, tout comme le régime ou l'habillement, mais ces différences ne produiraient plus d'antagonisme intellectuel.

Je crois que des faits profonds de ce genre sont contenus dans l'exposé de la science spirituelle que nous avons reçu de nos amis orientaux. Les esprits religieux n'ont pas lieu de s'en détourner dans la crainte qu'ils ne militent en faveur de quelque religion orientale au détriment d'une croyance occidentale plus répandue. Si la science médicale venait à découvrir un fait nouveau concernant le corps humain, si elle dévoilait quelque principe encore inconnu sur le développement de la peau, des muscles ou des os, cette découverte ne serait certainement pas regardée comme empiétant sur le domaine religieux. Ce domaine serait-il entamé davantage par la découverte d'une cause d'activité plus profonde que les nerfs, d'un moteur plus subtil qui les actionnerait comme eux-mêmes actionnent les muscles? De toutes façons, et même si une découverte semblable était de nature à occasionner un commencement de réconciliation entre la religion et la science, aucun homme, parmi ceux qui n'excluent pas leurs facultés supérieures du domaine de leurs sentiments religieux, n'écarterait, comme hostile à la religion, un fait naturel, positif, et dûment établi. Etant un fait, il cadrera nécessairement avec tous les autres faits, entre autres avec la vérité religieuse. On peut en dire autant de la grande masse des enseignements présentés dans cet exposé de l'évolution spirituelle de l'homme. La meilleure

marche à suivre en abordant cette étude, c'est de
nous demander, non pas si elle s'accorde sous
tous les rapports avec nos idées préconçues, mais
si réellement elle nous révèle une série de faits
naturels ayant trait à la croissance et au développement des facultés supérieures de l'homme : dans
l'affirmative, il serait sage de commencer par examiner les faits au point de vue scientifique, puis
de nous abandonner docilement aux influences
raisonnables et légitimes qu'ils pourront exercer
sur nos opinions.

Tout en se ramifiant en une multitude de direc-
tions secondaires, à mesure que son explication
se développera, cet exposé a pour caractère essentiel de constituer une théorie anthropologique
qui complète et spiritualise les notions ordinaires
de l'évolution physique. La théorie qui fait remonter le développement de l'homme de génération en génération par des perfectionnements gra-
duels et successifs de *formes* animales, paraît bien
stérile et misérable comme explication universelle
de la création ; bien conçue, cependant, elle nous
dispose à comprendre cette marche convergente
que l'âme humaine poursuit, parallèlement mais
plus haut, dans le domaine spirituel. Cette manière
de voir concilie la méthode de l'évolution avec
l'aspiration vers la perpétuité de la vie individuelle, profondément enracinée chez toute entité
consciente. Vues en séries isolées, les *formes* qui
se perfectionnent sur cette terre n'ont pas d'individualité : chacune, en vivant à son tour, accomplit une affaire distincte ; l'affaire suivante et analogue ne lui fournit aucune compensation pour les

souffrances endurées, aucune justice, aucune ré-compense de ses efforts. Si l'on suppose qu'une âme indépendante est créée à chaque naissance d'une nouvelle forme humaine, on peut tout au plus prétendre que justice sera rendue à cette âme dans quelque état spirituel postérieur ; mais cette conception est elle-même en désaccord avec l'idée fondamentale de l'évolution qui explique, ou croit expliquer, l'origine de chaque âme par l'activité d'une matière hautement développée dans chaque cas ; elle n'est pas moins en désaccord avec les analogies de la nature. Sans entrer plus avant dans cette question, nous pouvons nous contenter pour le moment de comprendre que la théorie de l'évolution spirituelle enseignée dans la science ésotérique, est du moins en harmonie avec ces analogies, tout en satisfaisant aux exigences de la justice et de l'instinct qui demande la continuité de la vie individuelle.

Cette théorie reconnaît que l'évolution de l'âme suit une marche parfaitement continue par elle-même, bien qu'elle s'accomplisse dans une certaine mesure par l'intermédiaire d'une longue série de personnalités distinctes. Laissant de côté pour le moment la métaphysique profonde de la théorie qui fait remonter le principe de la vie à la cause première du Cosmos, nous voyons l'âme comme une entité émergeant du monde animal, et passant par les formes humaines primitives, sans être encore mûre pour la vie intellectuelle supérieure familière dans l'état actuel de l'humanité. Mais par des incarnations successives dans des formes que leur amélioration continuelle, selon les principes de Darwin, rend de plus en plus aptes à lui servir de séjour en chacun de ses retours à la vie objective, elle acquiert peu à peu cette énorme somme d'expérience qui se trouve additionnée dans ses stades supérieurs. Dans les intervalles entre ses incarnations, elle poursuit l'élaboration des expériences particulières de chaque vie, et achève de les épuiser ou de les transformer en leur équivalent de développement abstrait. Voilà la clef de cette difficulté apparente où s'embarrassent parfois les penseurs indépendants qui présentent la théorie de la réincarnation sous une forme rudimentaire. Inconscient d'avoir vécu antérieurement, chaque homme prétend naturellement que ses existences à venir ne peuvent lui offrir aucune compensation pour celle-ci : il ne tient pas compte de cette existence spirituelle intermédiaire et si importante, au cours de laquelle, loin d'oublier ses aventures et ses émotions récentes, il les condense en autant de progrès cosmique. A mesure que nous essaierons d'éclaircir ce profond et intéressant mystère, on reconnaîtra que ce nouveau point de vue nous suggère la solution, non seulement des problèmes de la vie et de la mort, mais aussi d'un certain nombre d'expériences embarrassantes, provenant de cette région limitrophe entre les deux états, ou mieux entre les deux vies physique et spirituelle, qui, en ces dernières années, ont attiré tant d'attention et provoqué tant de théories dans la plupart des pays civilisés.

LE
BOUDDHISME ÉSOTÉRIQUE

CHAPITRE PREMIER

LES MAITRES ÉSOTÉRIQUES

Les instructions contenues dans ce livre ne sont pas le fruit de l'étude : j'apporte à mes lecteurs une science que je dois beaucoup plus à la faveur qu'au travail. Sa valeur n'en est pas amoindrie. Même acquise sans efforts, j'ose déclarer qu'elle paraîtra infiniment supérieure à tous les résultats qu'auraient pu me donner les méthodes ordinaires d'investigation ; lors même que j'aurais possédé à fond une érudition orientale à laquelle je ne prétends aucunement.

Tous ceux qui se sont occupés de littérature hindoue et surtout ceux qui, aux Indes, ont pris intérêt à parler philosophie avec les indigènes instruits, auront remarqué qu'il existe en Orient

une conviction profonde que certains hommes
actuellement vivants en savent beaucoup plus long
sur les plus hautes questions philosophiques, que
ces hommes possèdent en outre la science de la
véritable connaîssance des choses spirituelles,
qu'on ne trouve traitée dans aucun livre.

L'idée du secret appliquée à la science répugne
tellement à l'instinct dominant en Europe, que la
première impulsion des penseurs européens est
de nier l'existence de ce qu'ils désapprouvent si
fort. Cependant les circonstances m'ont pleinement convaincu, pendant mon séjour aux Indes,
que cette conviction est absolument fondée ; et j'ai
fini par obtenir le privilège de révélations importantes au sujet de cette science secrète sur laquelle
les philosophes orientaux ont médité en silence ;
jusqu'à nos jours, ces instructions n'avaient été
divulguées qu'à des disciples sympathiques, prêts
eux-mêmes à s'enrôler dans le camp du secret.
Leurs maîtres étaient trop heureux de laisser tous
les autres curieux douter de l'importance de leurs
enseignements.

J'éprouvais au début autant d'antipathie que
quiconque pour cette vieille méthode scientifique
de l'Orient ; j'arrivai néanmoins à la conviction
que l'antique science orientale était, en elle-même,
de très grande et très réelle valeur. Et si l'on est
excusable de déclarer les raisins trop verts lorsqu'ils se trouvent hors de portée, ce serait folie
que de maintenir cette opinion quand un ami de

haute taille vous en a passé une grappe et que vous les avez trouvés doux.

Pour des raisons qui apparaîtront par la suite, la somme considérable d'enseignements encore inédits que contient ce volume m'a été communiquée, non seulement sans aucune des restrictions usuelles, mais dans le but formel que j'en fasse part à mon tour au monde entier.

Sans cette lumière jusqu'ici voilée de la science orientale, il est impossible à ceux qui étudient sa littérature, en langue anglaise ou sanscrite, et même aux savants les plus érudits, de pénétrer le sens intime et les vraies doctrines de n'importe quelle religion orientale. Cette affirmation n'enlève rien au grand talent ni à la science ingénieuse des sympathiques écrivains qui ont étudié l'aspect extérieur des religions orientales en général, et du Bouddhisme en particulier. Le Bouddhisme, entre toutes, a vécu dès son avènement une double existence. Le sens intime de sa doctrine réelle a été caché aux étudiants non initiés, et ses enseignements extérieurs n'ont fait qu'offrir au peuple un code de leçons morales et une littérature symbolique et voilée, laissant à peine transparaître l'existence de connaissances plus profondes.

En réalité, cette science secrète existait longtemps avant la venue au monde de Gautama Bouddha. Depuis des siècles, la philosophie brahmanique enseignait une doctrine identique à celle que nous nommons aujourd'hui Bouddhisme ésotérique. Ses traits avaient pâli ; sa forme scientifique s'était partiellement effacée ; mais sa substance était déjà en la possession de quelques hommes d'élite, avant que le Bouddha n'entreprît de reviser et de vivifier la science ésotérique du cercle d'initiés, en même temps que la moralité du monde extérieur. Les circonstances dans lesquelles cette œuvre fut accomplie ont été absolument méconnues et resteraient inintelligibles sans un aperçu préalable de la science ésotérique elle-même.

Depuis l'époque de Bouddha jusqu'à nos jours, cette science ésotérique a été jalousement conservée comme un précieux héritage, appartenant exclusivement à des membres régulièrement initiés d'associations mystérieusement organisées. Ces personnages, en ce qui concerne le Bouddhisme, sont les Arahats, ou plus exactement Arhats, dont parle la littérature bouddhisme, les initiés qui foulent « le quatrième sentier de la sainteté ». M. Rhys Davids dit, en citant une quantité de textes originaux et d'autorités sanscrites :

« On pourrait remplir des pages des expressions de vénération, de respect, de louanges, qui sont prodiguées dans les écrits bouddhistes, quand ils s'étendent sur l'état d'esprit, sur le fruit du quatrième sentier, sur cette condition de l'Arahat, de l'homme devenu parfait selon la foi bouddhiste. »

Vient ensuite une série de citations d'auteurs sanscrits :

« Pour celui qui a terminé le voyage et laissé derrière lui la souffrance, qui s'est libéré lui-même sur tous les points, qui a rejeté toute entrave, il n'y plus de fièvre ni de chagrin... Pour ceux-là il n'y a plus de naissance... ils sont dans la joie de Nirvâna... Leur ancien Karma est épuisé, ils n'en produisent pas de nouveau ; leurs cœurs ne soupirent plus après la vie future ; la source de leurs aspirations est tarie ; eux, les sages, ils se sont éteints comme s'éteint une lampe. »

Ces passages, et une foule d'autres analogues, donnent cependant aux lecteurs européens une très fausse idée de ce qu'est réellement un Arhat, de la vie qu'il mène sur cette terre et de ce qui l'attend après. Mais nous pouvons remettre à plus tard ces explications et faire voir d'abord, d'après quelques autres passages exotériques, comment on comprend l'Arhat en général.

M. Rhys Davids dit en parlant de *Jhana* et de *Samadhi* (à propos de la croyance qu'il est possible, par une absorption intense en soi-même, d'arriver à posséder des facultés et des pouvoirs surnaturels) :

« Autant que je sache, on ne trouve mention d'aucune personne ayant acquis ces facultés, qui n'appartînt pas à l'ordre ou ne fût pas un ascète brahmane. Un Bouddha les possède toujours ; mais nous ne savons pas encore au juste si les Arhats, *comme tels,* peuvent opérer ces miracles spéciaux, ou si, parmi les mendiants, les Arahats ou les Asekhas en sont seuls capables. »

On trouvera peu de clarté à ce sujet dans les sources d'informations qui ont été explorées jusqu'à présent. Mais en ce moment j'essaie seulement de démontrer que la littérature bouddhiste fourmille d'allusions à la grandeur et à la puissance des Arhats. Il faudra des circonstances spéciales pour nous procurer des renseignements plus précis à leur sujet.

M. Arthur Lillie, dans *Buddha and Early Buddhism*, nous dit :

« Six facultés surnaturelles étaient exigées de l'ascète avant qu'il pût obtenir le grade d'Arhat. On en fait constamment mention, dans les Soutras, comme des six facultés surnaturelles, généralement sans autre spécification... L'homme a un corps formé de quatre éléments... dans ce corps transitoire son intelligence est enchaînée ; l'ascète se trouvant ainsi trop à l'étroit dirige sa pensée vers la création du *Manas*. Il se représente par la pensée un autre corps, créé de ce corps matériel, un corps avec une forme, avec des membres et des organes. Ce corps est au corps matériel comme l'épée est au fourreau, ou comme un serpent l'est au panier dans lequel il est enfermé. L'ascète alors purifié et parfait commence à mettre en œuvre ses facultés surnaturelles. Il peut passer à travers les obstacles matériels, les murailles, les remparts, etc... Il peut projeter son fantôme en

plusieurs endroits à la fois... il peut quitter ce
monde et atteindre au ciel de Brahma lui-même.
Il acquiert la faculté d'entendre les sons du monde
invisible aussi distinctement que ceux du monde
extérieur, voire même plus nettement. Il peut encore, par la puissance du *Manas*, lire les pensées
les plus secrètes des autres, et dire leur caractère », et ainsi de suite.

M. Lillie n'a pas tout à fait compris la nature
de la vérité qui apparaît derrière cete version populaire des faits, mais il n'est pas nécessaire d'en
citer davantage pour démontrer que la puissance
des Arhats et leur intuition des choses spirituelles
sont respectées au plus haut point par le monde
bouddhiste, bien que les Arhats eux-mêmes aient
été fort peu disposés à fournir au monde des au-
tobiographies ou des données scientifiques sur les
« six facultés surnaturelles ».

Avant de continuer, je crois à propos de citer
quelques passages du *Bouddha, sa vie, sa doctrine,
sa communauté*, du Dr Oldenberg. Nous lisons :
« La philosophie proverbiale bouddhiste attribue
à maintes reprises la possession du Nirvâna au
Saint vivant encore sur cette terre ;

« Le disciple qui a dépouillé plaisir et désir,
riche de sagesse, celui-là a atteint dès ce monde la
délivrance de la mort, le repos, le Nirvâna, séjour éternel. »

« Celui qui s'est échappé des sentiers trom-
peurs, non frayés, difficiles du Samsâra, celui qui

a passé à l'autre bord et a atteint la rive, abîmé en lui-même, sans défaillance, sans doute, celui qui, délivré des choses de la terre, a atteint le Nirvâna, celui-là je l'appelle un vrai Brahmane... »

« Le Saint veut-il dès à présent mettre fin à cette existence, il le peut, mais la plupart attendent patiemment le terme fixé par la nature ; c'est à eux que s'appliquent ces paroles, placées dans la bouche du principal disciple du Bouddha :

« Je ne soupire pas après la mort ; je n'aspire pas à la vie ; j'attends que mon heure vienne, comme un serviteur qui attend sa récompense [1]. »

Multiplier les citations, ce serait répéter sous diverses formes les conceptions exotériques concernant les Arhats. Comme toute vérité ou pensée bouddhiste, l'Arhat possède deux aspects : celui sous lequel il est présenté au monde en général, et celui dans lequel il vit, se meut et existe lui-même. Suivant la croyance populaire, c'est un saint, qui attend une récompense spirituelle telle que peut la comprendre le peuple, et qui en attendant opère des miracles à la faveur des coopérations surnaturelles. En réalité, c'est le gardien fidèle et éprouvé de la philosophie la plus profonde et la plus secrète de cette religion une, fon-

---

1. *Le Bouddha*, par H. Oldenberg, traduction par A. Foucher, 1903, pages 263, 264. Alcan.

damentale, que le Bouddha a vivifiée et restaurée;
c'est un savant versé dans la science de la nature,
placé au premier rang de toute science humaine,
tant au point de vue des mystères de l'esprit que
de la constitution matérielle du monde.

Arhat est une désignation bouddhiste. Celle de
Mahatma est plus familière aux Indes, où les attributs de l'adeptat ne sont pas nécessairement associés à la profession du Bouddhisme. L'Inde est
saturée d'histoires au sujet des Mahatmas. On
appelle généralement Rishis les plus anciens Mahatmas ; mais les termes peuvent être employés
l'un pour l'autre ; et j'ai entendu appliquer le
terme de Rishi à des hommes vivant de nos jours.
Toutes les facultés des Arhats mentionnées dans
les livres bouddhistes sont attribuées aux Mahatmas et décrites avec non moins de déférence dans
la littérature hindoue, et on pourrait aisément remplir ce volume des traductions de livres indigènes,
racontant les exploits de ceux dont l'histoire ou
la tradition nous a conservé les noms.

En réalité, les Arhats et les Mahatmas sont les
mêmes hommes. A ce degré d'exaltation spirituelle, la connaissance de la doctrine ésotérique
efface toute les différences de sectes. Quel que
soit le nom que l'on donne à ces *illuminés,* appelés quelquefois aux Indes les *Frères,* ils sont les
adeptes de la science occulte, les gardiens de la
science spirituelle que leur ont transmise leurs
prédécesseurs.

C'est en vain, cependant, que nous étudierons
la littérature ancienne et moderne pour trouver
une explication systématique de leur doctrine ou
science. Une bonne partie en est vaguement esquissée dans certains ouvrages occultes ; ceux-ci
d'ailleurs ne peuvent servir à grand'chose aux lecteurs qui tenteraient d'aborder le sujet sans une
connaissance préalable acquise en dehors des livres. C'est à la suite d'enseignements directs, re-
çus par faveur de l'un d'entre eux, que je suis en
mesure de tenter aujourd'hui une esquisse de la
doctrine des Mahatmas. C'est de la même manière que j'ai glané ce que je sais sur l'organisation
à laquelle appartiennent actuellement la plupart,
et les plus éminents de ces adeptes.

Il existe partout dans le monde des occultistes
de divers degrés d'avancement, et même des con-
fréries occultes qui ont beaucoup de points communs avec la confrérie principale établie au Thibet. Mais toutes nos recherches à ce sujet m'ont
convaincu que la confrérie thibétaine est de beaucoup la plus élevée, et qu'elle est considérée
comme telle par toutes les autres, — par toutes
celles du moins qui méritent d'être appelées
« éclairées » dans le sens occulte du terme. Dans
l'Inde, à vrai dire, il existe un grand nombre de
mystiques isolés qui se sont instruits eux-mêmes
et ne font pas partie des congrégations occultes.
Beaucoup d'entre eux se vanteront d'atteindre
eux-mêmes à un niveau d'illumination spirituelle

plus élevé que celui des Frères du Thibet ou de quiconque sur terre. Mais dans tous les cas, à ma connaissance, ces prétentions apparaissent, après examen, dénuées de fondement, pour tout observateur impartial, si peu qualifié qu'il soit par son éducation personnelle pour juger de l'illumination occulte. Je connais par exemple un Hindou, d'éducation européenne, occupant un poste élevé dans le gouvernement et admis dans la meilleure société, très honorable et jouissant de la considération de tous les Européens avec lesquels il est en relations officielles, qui n'accorde que le second rang aux Frères du Thibet dans le monde des connaissances spirituelles : la première place, il l'attribue à un homme qui n'est plus de ce monde, qui fut son Maître en occultisme, et qu'il affirme avoir été une incarnation de l'Etre divin. Ce Maître a éveillé à tel point les sens intimes de mon ami, qu'il considère comme la seule région spirituelle digne d'intérêt, celle que lui révèlent les visions obtenues dans l'état de transe, où il peut se mettre à volonté. Convaincu que dès le début il a été personnellement instruit par l'Etre suprême, et qu'il continue à l'être dans l'état subjectif, il est naturellement rebelle à l'idée que ses impressions puissent être déformées ou son développement psychologique mal dirigé.

D'autre part, il se trouve çà et là aux Indes des fanatiques de haute culture, qui édifient une conception de la Nature, de l'Univers et de Dieu, sur une base entièrement métaphysique ; arrivés à ce résultat par la seule force de leur pensée transcendante, ils prennent pour fondement un système établi de philosophie, et le soumettent à des amplifications dont seule est capable l'imagination de métaphysiciens orientaux. Ils font des disciples, auxquels ils inspirent une foi aveugle ; ils fondent leur petite école, qui prospère pendant un certain temps sans franchir ses propres limites ; toutefois, ce genre de philosophie spéculative est moins une science qu'une occupation pour l'esprit. De tels « Maîtres », comparés aux adeptes de la plus haute Fraternité, sont comme des canots comparés à des transatlantiques : on peut s'en servir pour traverser les lacs et les rivières de leur pays, on ne s'y fierait pas pour un voyage d'exploration à traves le monde et les mers.

Plus bas encore, nous voyons l'Inde parsemée de Yoguis et de Fakirs à divers degrés de développement, depuis d'incultes sauvages à peine supérieurs aux diseurs de bonne aventure de nos foires, jusqu'à des hommes dont il est très difficile pour un étranger de forcer la retraite, mais dont les facultés et les pouvoirs extraordinaires suffisent, dès qu'on les a vus ou éprouvés, à anéantir l'incrédulité des plus sûrs représentants du scepticisme occidental. Les observateurs superficiels sont enclins à confondre ces gens-là avec les grands adeptes dont ils entendent vaguement parler.

En ce qui concerne les vrais adeptes, je n'ai aucune notion à donner sur leur genre d'organisation au Thibet, ni sur la nature de leurs hautes autorités dirigeantes. Ces Mahatmas, dont mes lecteurs pourront peut-être se faire une idée plus ou moins exacte s'ils ont la patience de me suivre jusqu'au bout, sont eux-mêmes à divers degrés sous l'autorité d'un chef commun. Occupons-nous plutôt des premières notions d'éducation occulte, qui sont plus faciles à saisir.

Le niveau d'élévation qui constitue l'homme, que le monde extérieur appelle un Mahatma, un Frère, n'est atteint qu'au prix d'un long et fatigant noviciat et d'épreuves véritablement terrifiantes. On voit des hommes qui, après vingt ou trente ans et même plus de dévouement assidu et irréprochable à la tâche qu'ils ont entreprise, ne sont encore que des chélas aux premiers degrés, et ne font qu'entrevoir bien au-dessus de leurs têtes les hauteurs de l'adeptat. Quel que soit l'âge auquel un enfant ou un homme se voue à la carrière occulte, il s'y donne, qu'on ne l'oublie pas, sans restrictions et pour la vie. Le but qu'il poursuit est le développement en lui-même de nombreuses facultés et d'attributs si profondément latents chez le commun des hommes, que ceux-ci n'en soupçonnent même pas l'existence et nient la possibilité de les développer. Ces facultés et attributs, le chéla devra les développer par lui-même, presque sans aide de la part de son maître, qui

ne fera que le guider et le diriger. « On n'est pas
créé adepte, on le devient », dit un aphorisme occulte. Nous pouvons emprunter l'exemple d'un
exercice physique très banal. Tout homme qui possède l'usage normal de ses membres est capable
de nager ; mettez cependant en pleine eau celui
qui ne sait pas s'y prendre, il va se débattre et se
noyer. On sait bien quels mouvements il faut faire;
mais si le nageur en les faisant n'a pas la pleine
confiance qu'ils produiront le résultat attendu, ce
résultat ne se produit pas. Dans ce cas nous n'employons que des forces mécaniques, mais le raisonnement est valable quand il s'agit de forces
plus subtiles. La « confiance » à elle seule soutiendra le néophyte beaucoup mieux qu'on ne se
l'imagine généralement. Combien de lecteurs européens resteraient incrédules si on leur énumérait
les exploits que des chélas peuvent accomplir dès
le début de leur éducation par la seule force de la
confiance ! Cependant à l'église ils entendent couramment parler de la confiance biblique et de la
puissance de la foi ; mais ces paroles passent
comme le vent, sans laisser de traces.

Le grand but de l'adeptat est l'acquisition du
développement spirituel, dont les phrases du langage ésotérique ne font que voiler et déguiser la
nature. Quand il est dit que l'adepte cherche à
unir son âme à Dieu, afin de passer dans le Nirvâna, c'est une façon de parler qui n'a guère de

sens pour le lecteur ordinaire : plus il cherchera à l'approfondir à l'aide des livres et des méthodes usuelles, moins il comprendra la nature du progrès en vue ou de la condition à laquelle on aspire.Avant que l'explication du but poursuivi par l'adepte puisse être intelligible, nous devrons nous occuper d'abord de la conception ésotérique de la nature, ainsi que de l'origine et des destinées de l'homme, qui diffèrent essentiellement des conceptions théologiques. Il est bon néanmoins, dès le début, de mettre le lecteur particulièrement en garde contre une idée fausse qu'il pourrait se faire du but de l'adeptat.

Le développement de ces facultés spirituelles, dont l'étude embrasse les desseins les plus élevés, de la vie occulte, éveille incidemment une grande quantité de connaissances relatives à des lois de la nature qui ne sont généralement pas encore soupçonnées. Cette connaissance, et l'art qui en découle d'utiliser pratiquement certaines de ces forces obscures, investissent l'adepte, et même ses élèves, à une période relativement précoce de leur éducation, de pouvoirs extraordinaires, dont l'application aux choses de la vie quotidienne produit parfois des résultats qui semblent tout à fait miraculeux : or, au point de vue ordinaire, l'acquisition d'une puissance apparemment miraculeuse constitue un exploit tellement prodigieux, qu'on est facilement porté à croire que l'adepte, en cherchant la science qu'il atteint, avait pour but l'acquisition de ces pouvoirs qu'on convoite. On pourrait tout aussi bien dire, d'un grand génie militaire de l'histoire, qu'en embrassant la carrière des armes, son mobile était de porter un bel uniforme et d'éblouir l'imagination des nourrices.

La méthode orientale de culture intellectuelle a toujours été diamétralement opposée à celle qui est née avec la science occidentale. Tandis que l'Europe étudiait la nature aussi publiquement que possible, chaque pas étant discuté en toute liberté et chaque conquête publiée immédiatement au profit de tous, la science asiatique a été étudiée en secret et ses découvertes jalousement gardées. Pour le moment, je ne critique ni ne défends cette méthode. Quoi qu'il en soit, on s'en est départi jusqu'à un certain point en ma faveur, et comme je l'ai déjà dit, c'est avec le plein assentiment de mes maîtres que j'obéis à mon penchant d'Européen en communiquant ce que j'ai appris à tous ceux qui désirent le connaître. On verra par la suite comment ce manquement aux règles ordinaires rentre naturellement dans le plan général de la philosophie occulte. Dans un certain sens, l'accès de cette philosophie a constamment été ouvert à tous.

L'humanité a toujours eu la vague intuition que certains procédés d'étude, suivis çà et là par quelques hommes, pouvaient révéler une science plus élevée que celle enseignée au monde en général par les livres et les prédicateurs publics. En Orient, nous l'avons vu, cette impression n'est jamais restée dans le vague; mais même en Occident toute une littérature symbolique, traitant d'astrologie, d'alchimie et de mysticisme en général, a fermenté dans la société européenne, donnant à penser, à une élite d'esprits ouverts et préparés, que tout ce fatras d'apparence absurde recélait de grandes vérités. L'étude de ces excentricités leur a parfois révélé des sentiers ignorés conduisant aux cimes les plus élevées de la sagesse. Mais jusqu'ici, dans tous les cas semblables, et conformément aux règlements de ces écoles, à peine le néophyte avait-il pénétré de force dans la région du mystère, qu'il se trouvait astreint au secret le plus inviolable sur tout ce qui avait rapport à son initiation et à ses progrès ultérieurs. De même en Asie, le chéla ou disciple de l'occultisme, sitôt initié, perdait le droit d'attester la réalité des connaissances occultes. J'ai été étonné, depuis que je m'occupe de cette question, de voir combien ces chélas sont nombreux. Cependant, il est difficile d'imaginer rien d'aussi humainement improbable que l'indiscrétion d'un chéla envers un profane quelconque, et c'est ainsi que la grande école de philosophie ésotérique réussit à conserver intact son secret.

Dans un ouvrage précédent, *Le Monde Occulte*, j'ai relaté pleinement et franchement les circonstances qui m'ont mis en rapport avec les hommes de haute valeur et de profonde instruction qui m'ont communiqué les enseignements contenus dans ce livre. Je n'y reviendrai pas : je suis maintenant à même d'exposer une nouvelle face de la question. L'existence d'adeptes occultes et l'importance de leurs leçons peuvent être établies par deux sortes d'arguments : en premier lieu par l'évidence extérieure, le témoignage de personnes qualifiées, la manifestation, par des personnes ou par l'intermédiaire de personnes en rapport avec les adeptes, de facultés anormales offrant plus qu'une simple présomption de connaissances extraordinairement étendues ; deuxièmement, par un exposé partiel de ces connaissances, suffisamment étendu pour garantir leur valeur intrinsèque. Mon premier ouvrage procédait de la première méthode; j'entreprends maintenant la tâche plus redoutable de suivre la seconde.

Annotations

Plus nous avançons dans l'étude occulte, plus s'élève notre conception des Mahatmas. L'effort intellectuel ne suffit pas pour arriver à bien comprendre à quel point ces personnages finissent par différer de l'humanité en général. Certains aspects de la nature de l'adepte, ayant trait au développement extraordinaire des facultés supérieures de l'homme, ne peuvent être saisis au moyen des facultés inférieures. Mais si nos conceptions primitives restent bien au-dessous de la réalité des faits, voici que d'autre part surgit une curieuse complication du problème. La première idée que nous nous faisons d'un adepte capable de pénétrer les redoutables secrets de la nature spirituelle, est calquée sur nos conceptions de l'homme de science, d'un savant supérieurement doué mais restant sur notre propre plan. Nous sommes enclins à le considérer comme adepte une fois pour toutes, comme un être humain supérieur qui met nécessairement en jeu, dans toutes les circonstances de la vie, les atributs qui lui sont propres en tant que Mahatma. Si donc d'une part, comme nous l'avons déjà spécifié, nos efforts intellectuels ne peuvent rendre justice à ses attributs de Mahatma, d'autre part nous sommes exposés à tomber dans l'extrême opposé lorsque nous l'envisageons sous un aspect humain ordinaire. Nous nous créons ainsi de nombreuses difficultés à mesure même que nous commençons à nous familiariser avec les caractéristiques du monde occulte. C'est justement parce que les attributs les plus élevés de l'adeptat relèvent des principes de la nature humaine qui dépassent les limites de l'existence physique, que l'adepte, le Mahatma, ne peut l'être que dans l'acception la plus élevée du mot, lorsqu'il se trouve comme on dit « hors de son corps », ou tout au moins qu'il s'est mis par un effort de volonté dans une condition anormale. Lorsqu'il n'a pas de raison de faire ces efforts, ou de s'évader de sa prison charnelle, il ressemble bien plus à un homme ordinaire que ses disciples ne seraient portés à le croire d'après ces manifestations spéciales.

Une juste appréciation de cette situation explique la contradiction aparente entre l'attitude du disciple occulte vis-à-vis de ses maîtres, et certaines déclarations assez habituelles de ces maîtres eux-mêmes. Par exemple, les Mahatmas ne cessent d'affirmer qu'ils ne sont pas infaillibles, qu'ils sont des hommes comme nous tous, peut-être un peu plus versés dans la science de la nature que l'humanité en général, mais exposés pourtant à se tromper dans la gestion des affaires dont ils peuvent avoir à s'occuper, comme dans leur appréciation du caractère d'autrui ou des capacités des candidats au développement occulte. Comment concilier de telles affirmations avec le principe fondamental de toute étude occulte qui recommande au néophyte d'avoir une foi absolue et sans restriction dans l'enseignement et la direction de son maître ? La solution réside dans la situation dont nous parlions tout à l'heure. L'adepte peut être un homme étonnamment sujet à se tromper dans la manipulation de certaines affaires terrestres, comme parmi nous les plus grands génies, dans leur vie journalière, sont capables d'erreurs que ne commettraient jamais des gens pratiques; mais d'autre part, aussitôt qu'un Mahatma s'occupe des mystères élevés de la science spirituelle, il le fait en vertu et par l'exercice de ses attributs de Mahatma, et dans ces questions-là il est difficile de le considérer autrement que comme infaillible.

Cette considération nous inspire confiance dans l'enseignement, dérivé d'une telle source, qui fait l'objet de ce volume : cette confiance ne saurait être ébranlée par les menus incidents que notre expérience peut considérer comme de nature à calmer cette foi enthousiaste dans la sagesse suprême des adeptes que suscitent généralement les premières notions de la science occulte.

Non pas que cet enthousiasme ou cette déférence doivent réellement *diminuer* chez le chéla à mesure qu'il comprend mieux le monde dans lequel il pénètre : l'homme qui, sous un de ses aspects, est un Mahatma, sera plutôt rendu aux égards affectueux des hommes que déchu de ses droits au respect, par la pensée que dans sa vie ordinaire il n'est pas tellement au-dessus du commun des mortels que le feraient croire ses expériences nirvâniques.

Si nous avons constamment présent à l'esprit que l'adepte n'est vraiment un adepte que lorsqu'il exerce ses fonctions d'adepte, mais qu'alors, prenant son essor, il entre en rapport spirituel avec tout ce qui pour nous représente pratiquement l'omniscience, au moins en ce qui concerne notre système solaire, nous éviterons beaucoup d'erreurs auxquelles donnerait lieu la complication de notre sujet.

Les complications que l'on peut déjà pressentir ne deviendront parfaitement intelligibles que par la lecture de certains chapitres postérieurs ; telle est cependant leur valeur quand nous nous efforçons de comprendre la vraie nature de l'adeptat, qu'il est bon de les aborder dès maintenant. La nature de l'adepte est d'une dualité si complète que les personnes en relation psychique spéciale avec lui peuvent attirer sur elles-mêmes une partie de son influence ou de sa connaissance des plans supérieurs de la nature, sans même que le Mahatma-homme ait conscience, sur le moment, de cet appel qui lui est fait. Aussi sommes-nous en droit de nous demander si la relation qui existe entre le Mahatma et le Mahatma-homme ne présenterait pas le caractère d'un « adombrement », selon le terme employé parfois dans les livres ésotériques, plutôt que d'une incarnation dans le sens complet du mot.

Nous ne tardons pas à constater une complication nouvelle et indépendante dans le fait que chaque Mahatma, tout en représentant un Ego humain à une période très avancée, appartient pour ainsi dire à quelque département spécial de la grande administration de la nature. Chaque adepte doit appartenir à l'un ou l'autre des sept grands types de l'adeptat ; mais tout en concluant à la possibilité d'une corrélation entre ces différents types et les sept principes de l'homme, je me garderais bien d'essayer d'élucider complètement cette hypothèse. Il suffira d'appliquer l'idée à ce que nous connaissons vaguement de l'organisation occulte dans les régions supérieures. Depuis quelque temps on affirme dans les livres ésotériques qu'il y a cinq grands Chohans ou Mahatmas supérieurs qui président à tout le corps de la fraternité des Adeptes. Quand j'écrivais le chapitre ci-dessus, j'étais sous l'impression qu'un chef suprême, sur un autre niveau encore, exerçait son autorité sur ces cinq Chohans, mais il me semble maintenant que ce personnage peut être considéré plutôt comme un sixième Chohan, lui-même chef d'un sixième type de Mahatmas, et cette supposition nous fait croire aussitôt à l'existence d'un septième Chohan pour compléter les correspondances que nous entrevoyons. Mais, comme le septième principe de la nature ou de l'homme est une conception éminemment inaccessible, échappant à toute pensée et qu'on ne peut guère formuler qu'en des phrases pleines de vague et d'inintelligibilité métaphysique, nous pouvons être certains que le septième Chohan est inabordable pour une imagination inexpérimentée. Sans doute, lui aussi joue un rôle dans ce qu'on peut appeler l'économie supérieure de la nature spirituelle, et je suppose qu'un personnage de cet ordre est parfois visible à quelques-uns des Mahatmas. Mais les spéculations à son sujet n'ont de valeur qu'en tant qu'elles aident à

donner consistance à l'idée précédemment émise,
que les Mahatmas peuvent être conçus sous leur
aspect véritable comme des phénomènes nécessaires de la nature, sans lesquels l'évolution de
l'humanité n'avancerait pas, plutôt que comme des
hommes exceptionnels ayant atteint une grande
élévation spirituelle.

CHAPITRE II

Avant de rechercher les moyens par lesquels la science occulte a recueilli ses renseignements, il est indispensable de donner, au préalable, un aperçu de la cosmogonie, telle qu'elle la comprend. Les méthodes de recherche occulte dérivent de faits naturels totalement inconnus de la science exotérique, se rattachant à l'acquisition prématurée, chez les adeptes, de facultés qui ne sont pas encore développées dans l'humanité en général : ces facultés leur permettent à leur tour d'explorer les mystères de la nature, et, en vérifiant les doctrines ésotériques, de mettre en lumière les grandes lignes de son système. L'étudiant qui se consacre à l'occultisme peut commencer par développer ses facultés pour les appliquer ensuite à l'observation; mais pour les lecteurs européens qui veulent simplement arriver à comprendre la théorie de la nature, il est nécessaire de leur en faire l'exposé avant d'examiner les sens intimes qu'emploient les occultistes dans leurs recherches. D'autre part, on ne pourrait leur donner un aperçu méthodique de la cosmogonie, au sens occulte, qu'au détriment de la clarté du sujet. Pour commencer par le commencement, nous devrions essayer de comprendre l'état de l'Univers avant son évolution. Certes, les étudiants de l'occultisme n'éludent pas ce sujet et, plus tard, au cours de cette étude, nous donnerons quelques indications sur les vues de l'occultisme concernant les premières étapes que traverse la matière cosmique dans son évolution. Mais une nomenclature méthodique de ces premières étapes implique certaines considérations sur la nature spirituelle de l'homme, qui seraient incompréhensibles sans explications préliminaires.

La science ésotérique reconnaît dans la constitution de l'homme sept principes distincts. Leur classification diffère tellement de celles qui sont familières aux lecteurs européens, qu'ils ne manqueront pas de demander sur quel terrain se base l'occultisme pour aboutir à une conclusion si hardie. Mais je prie mes lecteurs, pour le moment tout au moins, et pour des raisons particulières, inhérentes au sujet qu'ils comprendront mieux plus tard, de vouloir bien suivre dans une attitude d'esprit orientale l'exposé de science orientale que je fais en ce moment. Les méthodes d'enseignement, orientale et européenne, sont aussi dissemblables que deux méthodes peuvent l'être. L'Européen stimule et provoque à chaque pas l'esprit de controverse de l'élève. Il encourage chez lui la discussion et la critique. Il lui interdit d'accepter d'autorité aucune affirmation scientifique. A mesure que ses connaissances augmentent, il lui faut apprendre comment elles ont été acquises, et se convaincre qu'une vérité n'a de valeur qu'autant qu'il peut la prouver telle. L'Oriental dirige ses disciples d'une manière toute différente. Il ne dédaigne pas plus que l'Européen la nécessité de la preuve, mais il l'exige d'une tout autre nature. L'Oriental procure à l'étudiant la faculté d'explorer la nature par lui-même, et de vérifier ainsi son enseignement, dans les régions que la philosophie occidentale ne connaît qu'à titre de spéculation ou d'hypothèse. Il ne s'inquiète jamais d'argumenter sur quoi que ce soit. Il lui dit : « Ceci est la vérité; voici la clé de la science ; allez maintenant et voyez vous-même. » De cette façon, l'enseignement *per se* n'est rien moins qu'un enseignement d'autorité. L'enseignement et la preuve ne cheminent pas la main dans la main, mais ils se suivent. Une seconde conséquence de cette méthode est que la philosophie orientale emploie ce mode de raisonnement, que nous avons rejeté en Europe comme incompatible avec notre tendance intellectuelle, et qui consiste à descendre du général au particulier. Le but que poursuit généralement la science européenne ne serait certainement pas atteint de cette manière, mais ceux qui voudront bien me suivre jusqu'au bout conviendront, je crois, que la méthode qui va du particulier au général n'est pas applicable en notre cas. Dans ce département de la science, il est impossible de saisir les détails avant d'avoir compris le plan d'ensemble : encore est-ce une vaste et pénible tâche que d'en donner une idée générale en langage ordinaire. Il serait presque impossible de s'arrêter à tout propos pour réunir les preuves de chaque exemple pris séparément. Cette méthode lasserait la patience du lecteur et l'empêcherait de profiter des enseignements de la science ésotérique : tandis qu'il pourra s'en faire une conception plus complète par un exposé plus condensé, tel que je m'efforce de lui présenter.

Ces réflexions nous suggèrent, en passant, un nouveau point de vue, intimement lié à notre sujet, sur les systèmes de raisonnement de Platon et d'Aristote. Celui de Platon, que l'on définit sommairement comme procédant des universaux au particulier, est condamné par la philosophie moderne au profit du second, qui lui est diamétralement opposé. Mais Platon n'avait pas sa liberté d'action pour défendre son système ; il y a tout lieu de croire que sa connaissance de la doctrine ésotérique lui avait suggéré cette méthode, et que les restrictions imposées à tout initié à l'occulte l'empêchaient d'en dire assez pour la justifier complètement. Après avoir étudié même le peu de science occulte que contient ce volume, si l'on consulte Platon ou même un abrégé consciencieux de ses œuvres, on ne manquera pas d'être frappé des multiples coïncidences qui surgissent à chaque instant.

Les principes supérieurs qui entrent dans la composition de l'homme ne sont pas encore complètement développés dans l'humanité ordinaire, mais on pourrait classer comme il suit les éléments constitutifs de l'homme complet ou parfait. Pour faciliter l'application de ces données aux livres usuels du Bouddhisme exotérique, nous donnons les noms en sanscrit en même temps que leur traduction en langue courante [1] :

1. Le corps . . . . *Roupa.*
2. La vitalité . . . . *Prana ou Jiva.*
3. Le corps astral . . . . . *Linga sharira.*
4. L'âme animale . . . . . *Kama roupa.*
5. L'âme humaine . . . . . *Manas.*
6. L'âme spirituelle . . . . . *Bouddhi.*
7. L'Esprit . . . . *Atma.*

---

[1] La nomenclature adoptée ici diffère légèrement de celle employée lors de la publication d'une partie des présents enseignements dans le *Teosophist.* On verra par la suite que les termes employés aujourd'hui donnent une notion plus exacte de l'ensemble du système, et évitent des difficultés auxquelles donnaient lieu les appellations primitives. Si les premiers exposés de la science ésotérique ont été si imparfaits, il ne faut s'en prendre qu'aux difficultés contre les

En résumant sous forme de tableau des idées d'un ordre aussi transcendant que certaines de celles contenues dans l'analyse ci-dessus, on risque de les rabaisser, erreur contre laquelle nous devons toujours être en garde, si nous voulons nous bien pénétrer de leur signification. Il serait certes impossible, même au plus habile professeur de science occulte, de présenter chacun de ces principes isolé des autres, comme les éléments physiques d'un corps composé peuvent être dissociés par l'analyse et conservés à part. Les éléments d'un corps physique sont tous sur le même plan de matérialité, mais les éléments de l'homme sont sur des plans très différents. Les gaz les plus subtils, qui peuvent jusqu'à un certain point entrer dans la composition chimique de son corps, sont encore au niveau le plus inférieur de la matérialité, du moins si on les évalue à une certaine échelle. Le second principe qui, en s'unissant à la matière grossière que l'on appelle généralement inorganique, mais que l'on devrait plutôt appeler inerte, la transforme en matière vivante, est tout de suite différent des échantillons les plus subtils de la matière du degré inférieur. Pouvons-nous, alors,

---

quelles ont eu à lutter leurs interprètes anglais. Mais nous n'avons à avouer ou regretter aucune erreur de principe. Les termes actuels seront plus précis que ceux employés précédemment, mais, telles quelles, les explications originales étaient tout à fait en harmonie avec leurs développements actuels.

donner le nom de matière au second principe ? Cette question nous porte dès le début de notre étude, au cœur même de cette subtile discussion métaphysique : la force et la matière sont-elles différentes ou identiques ? Il suffit pour le moment de dire que la science occulte les regarde comme identiques, et qu'elle ne considère aucun principe de la nature comme absolument immatériel. Ainsi, bien qu'aucun exposé de l'univers, de la destinée humaine, ou de la nature en général, ne soit plus spiritualiste que celui de la science occulte, cette science ne commet pas la faute de logique qui consiste à attribuer des effets matériels à des causes immatérielles. La doctrine ésotérique est bien, par conséquent, l'anneau manquant entre le matérialisme et le spiritualisme.

La clé de ce mystère se trouve naturellement dans le fait, facile à contrôler pour les savants occultistes, que la matière existe sous d'autres états que ceux perceptibles à nos cinq sens.

Le second principe humain, la Vitalité, est donc composé de matière sous son aspect de force, et son affinité pour la matière grossière est telle, qu'elle ne peut se séparer d'aucune parcelle ou masse de celle-ci sans s'unir instantanément à quelque autre atome ou molécule. Lorsque le corps de l'homme meurt, par suite du retrait des principes supérieurs qui en avaient fait une réalité vivante, le second principe, ou principe de vie, n'étant plus une unité par lui-même, reste néanmoins inhérent dans les molécules du corps en dé-composition, s'attachant aux nouveaux organismes auxquels cette décomposition donne naissance. En-terrez le corps, et son *jiva* animera la végétation qui fleurit au-dessus, ou les formes animales in-fimes qui se nourrissent de sa substance. Brûlez le corps, et le *jiva* indestructible retourne non moins instantanément au corps de la planète même dont il est originaire, entrant en de nouvelles combinai-sons suivant ses affinités.

Le troisième principe, le corps astral ou linga sharira, est le double éthéré du corps physique, son modèle original. Il guide *jiva* dans son ac-tion sur les molécules physiques, et lui fait cons-truire les formes qu'elles revêtent. Vitalisé lui-même par les principes supérieurs, il ne préserve son unité que par la cohésion de l'ensemble. A la mort, il est désincarné pendant une brève période, et, dans certaines conditions spéciales, peut même être vu temporairement par des personnes vivan-tes. Il est pris alors, naturellement, pour le fan-tôme du défunt. Certaines apparitions spectrales peuvent avoir d'autres causes, mais lorsque le phénomène visible provient du troisième prin-cipe, ce n'est qu'un agrégat de molécules dans un état particulier, dénué de toute espèce de vie ou de conscience. Ce n'est pas plus un être que ne le sont certains nuages qui prennent parfois une forme animale. En général, le linga sharira n'aban-donne le corps qu'à la mort, et même dans ce cas il ne s'en éloigne que fort peu. Quand il est visible, ce qui est très rare, ce n'est que dans le voisinage du cadavre. Dans quelques cas particuliers de médiumnité spirite, il peut se dégager un instant du corps physique et devenir visible à côté de lui, mais alors le médium est sérieusement en danger de mort pendant la durée du phénomène. Dérangez involontairement les conditions qui ont libéré le linga sharira, et il lui serait peut-être impossible de réintégrer son corps ; le second principe cesserait bientôt d'animer le corps physique, et la mort en résulterait.

Depuis un an ou deux, alors que quelques bribes de science occulte commençaient à faire leur apparition, l'expression de « corps astral » a été appliquée à une reproduction de la forme humaine, pleinement habitée par les principes supérieurs, qui peut s'éloigner à n'importe quelle distance du corps physique, soit qu'elle ait été projetée consciemment et avec une intention bien définie par un adepte vivant, ou inconsciemment, par un mourant quelconque, en vertu de l'action accidentelle de certaines forces mentales sur ses principes en voie de désagrégation. Il n'y a guère d'inconvénient à se servir du terme « corps astral » pour qualifier une apparition de ce genre ; et même, comme nous le verrons par la suite, une expression plus rigoureusement exacte ne ferait que nous embarrasser. Nous emploierons donc la même expression dans les deux cas, sans qu'il en résulte de confusion ; mais à parler strictement, le linga sharira, ou troisième principe, est le corps astral, et ne peut servir de véhicule aux principes supérieurs.

On voit que les trois principes inférieurs appartiennent complètement à la terre ; ils sont de nature périssable comme entité distincte, bien qu'indestructibles quant à leurs molécules, et se séparent complètement de l'homme à sa mort.

Le quatrième principe est le premier de ceux qui appartiennent à la nature supérieure de l'homme. Le nom sanscrit *Kama roupa* est souvent traduit par « corps du désir », mais cette expression me semble assez défectueuse et inexacte. En se conformant au sens plutôt qu'aux termes, on pourrait peut-être traduire par « véhicule de la volonté »; mais le nom que nous avons adopté ci-dessus, âme animale, est encore plus suggestif.

Lorsque parurent les premières indications de la constitution septénaire de l'homme, dans le *Theosophist* d'octobre 1881, on nommait le cinquième principe « âme animale », pour le distinguer du sixième, « l'âme spirituelle »; mais, si cette nomenclature marquait bien la distinction, elle rabaissait le cinquième principe, qui est essentiellement le principe humain. Bien que l'humanité soit de nature animale comparativement à l'esprit, elle est dans tous ses autres aspects supérieure à ce qu'on nomme la créature animale. En donnant un nouveau nom au cinquième principe, nous remettons à sa place la désignation de « l'âme animale ». Ce changement ne nous empêche nullement de reconnaître le quatrième principe pour le siège de la volonté et du désir, comme l'indique le terme sanscrit. Et, en même temps, le kama roupa est bien l'âme animale, le principe le plus élevé qui soit développé dans la bête et susceptible d'une évolution bien supérieure par son union avec le cinquième principe qui apparaît chez l'homme; mais c'est toujours l'âme animale, dont l'homme est loin d'être débarrassé, le siège du désir bestial; c'est une force puissante dans le corps humain, capable de le pousser pour ainsi dire indifféremment en bas ou en haut, d'influencer le cinquième principe pour arriver à ses propres fins, tout aussi bien que de se soumettre à son influence directrice dans la voie du progrès.

Le cinquième principe ou âme humaine, que sous un de ses aspects, le sanscrit nomme Manas, est le siège de la raison et de la mémoire. C'est en réalité une partie de ce principe, animé par le quatrième, que l'adepte projette à grande distance, lorsqu'il apparaît dans ce que l'on nomme ordinairement son corps astral.

Le cinquième principe ou âme humaine n'est pas encore complètement développé dans la majeure partie de l'humanité. Cette constatation du développement encore incomplet des principes supérieurs est un point très important. Il est impossible de se faire une idée exacte de la situation actuelle de l'homme dans la nature si nous commettons l'erreur de le considérer comme un être déjà achevé. Cette erreur serait fatale à ses justes espérances d'un avenir possible, et l'empêcherait en même temps d'apprécier à sa valeur le genre d'avenir qui, d'après la doctrine ésotérique, lui est effectivement réservé.

Puisque le cinquième principe n'est pas encore complètement développé, il va sans dire que le sixième n'existe qu'à l'état embryonnaire. Cette idée a été diversement présentée dans de récents exposés de la grande doctrine. On a dit parfois que nous n'avons pas vraiment de sixième principe, que nous n'en possédons que le germe. On a dit aussi que le sixième principe n'est pas *en* nous, qu'il plane au-dessus de nous, qu'il est l'objet vers lequel doivent tendre les plus nobles aspirations de notre nature. Mais on dit aussi : tous les êtres, non seulement l'homme, mais l'animal, les plantes et les minéraux, ont leurs sept principes, et le plus élevé de tous, le septième lui-même, vitalise ce fil ininterrompu de vie unique qui court à travers toute l'évolution, unissant en une succession définie, en une série complète, le nombre presque infini de ses propres incarnations. Il faut nous pénétrer de toutes ces conceptions, les fusionner et en extraire l'essence, pour comprendre la doctrine du sixième principe. Poursuivant cet ordre d'idées qui nous a fait appliquer le terme « âme animale » au quatrième principe et celui d'« âme humaine » au cinquième, nous pouvons nommer le sixième « l'âme spirituelle » de l'homme, et le septième, par conséquent, « l'esprit » lui-même.

A un autre point de vue, le sixième principe peut être appelé le véhicule du septième, et le quatrième, le véhicule du cinquième ; mais une autre manière d'envisager le problème consiste à considérer les principes supérieurs, à partir du quatrième, comme le véhicule de ce que, dans la philosophie bouddhiste, on appelle la vie unique ou l'Esprit. Suivant cette conception, la vie unique est ce qui se perfectionne par son séjour dans les différents véhicules. Dans l'animal, la vie unique est concentrée dans le kama roupa. Dans l'homme, elle commence aussi à pénétrer le cinquième principe. Dans l'homme parfait elle pénètre le sixième ; et lorsqu'elle a pénétré le septième, l'homme cesse d'être un homme; il atteint une condition d'existence entièrement supérieure.

L'avantage principal de ce dernier système est de nous mettre en garde contre l'idée que les quatre principes supérieurs sont comme un faisceau de branches liées ensemble, chacune ayant une individualité séparée quand on les détache. Isolément, ni l'âme animale, ni l'âme spirituelle n'ont d'individualité propre ; mais, d'autre part, le cinquième principe ne pourrait se séparer des autres tout en conservant son individualité tandis que les deux principes abandonnés resteraient inconscients

On a même affirmé que les principes supérieurs
sont, eux aussi, matériels et de constitution moléculaire, bien que composés d'une espèce supérieure de matière dont la subtilité échappe à nos
sens physiques. Ils sont donc séparables, et on
peut se représenter le sixième principe lui-même
se séparant de son voisin inférieur. Mais dans cet
état de séparation, et au degré actuel du développement humain, il ne pourrait que se réincarner
et former un nouveau cinquième principe par son
contact avec un organisme humain ; dans ce cas,
le cinquième principe s'appuierait sur le quatrième
et deviendrait un avec lui, subissant ainsi un certain degré d'avilissement. Pourtant ce cinquième
principe, qui ne saurait subsister seul, est la personnalité de l'homme ; son essence, unie au sixième, constitue son individualité permanente à
travers toutes ses vies successives.

Nous discuterons plus tard les circonstances et
les attractions sous l'influence desquelles les principes se désagrègent, et ce qu'il advient alors de
la conscience de l'homme. Pour le moment, au lieu
de continuer nos recherches dans ce sens, nous ac-
querrons une idée plus exacte de l'ensemble en
nous occupant de la marche de l'évolution qui a
produit les principes humains.

Annotations.

On a adressé le reproche de matérialisme à cet exposé de la doctrine ésotérique. Je doute fort qu'il soit possible de faire comprendre par un autre procédé les idées que nous avons à développer ; mais dès qu'on les a comprises, il est facile de les traduire en termes idéalistes. Nous pourrons plus aisément considérer les principes supérieurs comme des états divers de l'Ego, lorsque leurs attributs auront été traités séparément comme des principes en évolution. Il est toutefois utile de nous arrêter un moment sur cet aspect de la constitution humaine qui nous fait voir la conscience de chaque entité traversant successivement les étapes de développement représentées par les différents principes.

Au plus haut degré d'évolution dont nous ayons à nous occuper pour le moment, celui du Mahatma parfait, les livres occultes nous disent que la conscience de l'Ego a acquis le pouvoir de résider complètement dans le sixième principe. Mais ce serait une grosse erreur d'en conclure que le Mahatma ait rejeté, comme une enveloppe gênante, ses quatrième et cinquième principes, qui ont été le siège de sa conscience aux étapes antérieures de son évolution. L'entité qui jadis *était* le quatrième ou le cinquième principe, est pourvue à présent d'attributs tout différents ; elle a com-

plètement répudié certaines tendances ou disposi-
tions, et par cela même *est* maintenant un sixième
principe. En termes plus généraux, on peut dire
que ce changement est pour l'adepte une émanci-
pation de la servitude du moi, des désirs de la vie
terrestre, voire même des liens des affections; car
l'Ego qui est entièrement conscient dans son sixième principe a compris l'unité des vrais Egos de
l'humanité entière sur un plan supérieur, et ne
peut plus être attiré par des liens de sympathie
vers l'un plutôt que vers l'autre. Son amour de
l'humanité intégrale dépasse désormais cet amour
de la *Maya* ou de l'illusion que représente une
créature humaine distincte pour les êtres évoluant
encore aux degrés inférieurs. Il n'a pas perdu son
quatrième ni son cinquième principe, car ceux-ci
également ont atteint le degré de Mahatma, de
même que l'âme animale du règne inférieur s'était
épanouie dans le cinquième état en parvenant à
l'humanité. Cette considération nous permet de
nous représenter plus clairement les étapes des
êtres ordinaires à travers leur longue série d'incarnations sur le plan humain.Une fois bien établie sur
ce plan d'existence, la conscience de l'homme primitif acquiert graduellement les attributs du cinquième principe. Mais au début de son œuvre,
l'Ego reste toujours un centre d'activité, et continue à se servir surtout des impulsions et des désirs du quatrième stade de l'évolution. Des éclairs

de raison supérieure l'illuminent par moments ;
puis, devenant de plus en plus intelligent, il entre
en pleine possession de cette raison humaine, qui
affirmera chaque jour davantage son autorité. L'intelligence vérifiée devient la force prédominante
de la vie. La conscience est transférée au cinquième
principe, oscillant toutefois entre les tendances de
sa nature supérieure et de sa nature inférieure,
longtemps encore, pendant des périodes prolongées
d'évolution, pendant des centaines de vies. C'est
ainsi que l'Ego se purifie et s'élève graduellement,
et conserve tout le temps son unité à un certain
point de vue, tandis que son sixième principe n'est
qu'une potentialité de développement pour l'avenir.

Quant au septième principe, c'est le grand Inconnaissable, la cause suprême qui dirige toutes
choses : il est le même pour l'individu et pour
tous, pour l'humanité et pour le règne animal,
pour les plans d'existence physique ou astrale,
dévachanique ou nirvânique. Aucun homme en
particulier ne possède *un* septième principe, dans
le sens sublime du mot : *le* septième principe du
Cosmos plane sur nous tous de la même insondable manière.

Comment ce point de vue s'harmonise-t-il avec
l'idée émise dans le chapitre antérieur, que dans
un certain sens les principes sont séparables, que
l'on peut même imaginer le sixième se séparant
de son voisin inférieur. et, par une réincarnation,

créant un nouveau cinquième principe, de son contact avec un organisme humain? Il n'y a pas d'incompatibilité essentielle entre ces deux points de vue. Le septième principe est un et indivisible dans la nature entière, mais en lui persistent mystérieusement certaines impulsions vitales, qui constituent les fils sur lesquels s'enchaîneront des existences successives. Une impulsion vitale de cette nature ne meurt pas, même dans l'extraordinaire supposition que nous avons faite d'un Ego qui, projeté et développé jusqu'à un certain point le long de ce fil, s'en détacherait complètement et tout entier. Je ne suis pas en mesure d'affirmer avec précision ce qui arrive dans ce cas ; mais les incarnations subséquentes de l'esprit sur cette ligne d'impulsion suivront naturellement leur cours originel ; on peut donc traduire cette idée au point de vue matérialiste, tout en respectant la vérité aussi étroitement que le permet le langage de l'une ou l'autre école, en disant que le sixième principe de l'entité déchue se sépare du cinquième, et se réincarne pour son propre compte.

Il est inutile de nous étendre davantage sur ces cas anormaux. Le problème que nous avons premièrement à résoudre, c'est celui de l'évolution normale ; mais si l'étude des sept principes est, à mon idée, la manière la plus instructive d'exposer la question, il est bon de ne pas oublier que l'Ego est une unité en progrès à travers diverses sphères ou états d'existence, se transformant, s'élevant et se purifiant pendant tout le cours de son évolution, et qu'il représente une conscience localisée dans l'un ou l'autre des attributs potentiels de l'entité humaine.

CHAPITRE III

La science ésotérique, tout en étant le système le plus spiritualiste que nous puissions imaginer, nous présente, comme s'appliquant à la nature entière, l'exposé le plus complet de l'évolution, que l'esprit humain puisse concevoir. La théorie darwinienne de l'évolution n'est que la découverte isolée d'une faible, trop faible, portion de l'immense et réelle vérité. Les occultistes savent d'ailleurs expliquer l'évolution sans pour cela ravaler les principes supérieurs de l'homme ; ils ne se croient pas obligés d'édifier une cloison étanche entre la science et la religion. Non seulement leur doctrine concilie la théorie physique et la théorie métaphysique, mais elle les rend définitivement solidaires l'une de l'autre.

La première grande vérité que nous enseigne la science occulte, se rapportant à l'origine de l'homme sur notre terre, aidera l'imagination à résoudre de graves difficultés qui obscurcissent la conception scientifique ordinaire de l'évolution.

L'évolution de l'homme n'est pas le fait d'un

processus qui s'accomplit sur cette planète seulement ; plusieurs mondes y ont contribué dans des conditions très différentes de développement matériel et spirituel. Même réduite à l'état de simple hypothèse, cette affirmation ne s'en recommanderait pas moins forcément aux esprits judicieux ; car il y a un contresens dans l'idée communément répandue, que l'existence de l'homme se réduit à une durée de vie matérielle de soixante ou soixante-dix années, suivie d'une autre vie spirituelle éternelle. Ce contresens devient absurdité flagrante lorsqu'on prétend que les actes commis pendant nos soixante ou soixante-dix ans d'existence, — actes irréfléchis et impulsifs d'une humanité ignorante, — doivent déterminer, aux yeux infaillibles d'une Providence omnisciente, les conditions de cette vie éternelle ultérieure. Il est non moins extravagant d'imaginer (la question de justice mise à part) que la vie au delà de la tombe puisse être soustraite à la loi du changement, du progrès et du perfectionnement ; cette loi, comme l'indiquent toutes les analogies de la nature, régit vraisemblablement toutes les diverses existences de l'univers. Mais, dès que nous abandonnons l'idée d'une vie future uniforme et sans progrès, et que nous admettons la notion du perfectionnement ultérieur, nous arrivons nécessairement à la conclusion qu'il n'y a pas d'autre hypothèse possible que celle du progrès indéfini à travers des mondes successifs.

Ainsi que nous l'avons dit précédemment, ceci

n'est pas pour la science occulte une hypothèse seulement, mais bien un fait prouvé et confirmé, hors de toute contestation possible.

La vie, et les étapes de l'évolution sur notre planète, — tout ce qui en fait, en somme, quelque chose de plus qu'une masse chaotique inerte, — sont liées à la vie et à l'évolution de plusieurs autres planètes ; mais nous ne devons pas en inférer que le système planétaire auquel nous appartenons soit illimité. Dès que l'imagination humaine a le champ libre devant elle, elle risque d'aller aux extrêmes.

Si, donc, nous admettons que la terre n'est qu'un chaînon dans l'immense chaîne des mondes, nous pourrons être naturellement amenés à considérer tout le firmament comme propriété de la famille humaine. Cette hypothèse donnerait lieu à de graves erreurs. Un seul monde ne suffirait pas à la nature pour faire sortir du chaos l'évolution de l'humanité ; mais, d'autre part, elle n'en demande qu'une nombre défini et limité pour la parachever.

Si différents qu'ils soient quant à la masse de matière qui les compose, ces mondes sont intimement liés par des courants et des forces subtiles, que nous n'avons aucune peine à concevoir, puisque le simple fait qu'ils sont visibles pour nous, nous prouve l'existence d'une force ou milieu éthéré dans lequel se meuvent les corps célestes. Or c'est précisément à l'aide de ces corps subtils que

les éléments de vie passent d'un monde à l'autre.
Cette notion, toutefois, par suite de nos idées préconçues, pourrait donner lieu à une fausse interprétation. Le lecteur pourrait croire qu'à notre
avis : l'âme libérée, après la vie sur cette terre,
sera attirée par les courants d'un monde en affinité
avec elle ; le procédé est en réalité plus méthodique. Le système des mondes forme un circuit que
toutes les entités spirituelles individuelles ont chacune à parcourir à leur tour ; et ce parcours s'appelle *l'évolution de l'homme.* Car nous devons
nous pénétrer de l'idée que l'évolution se poursuit
continuellement, et qu'elle est loin d'être achevée.
Darwin a enseigné au monde moderne que l'homme descend du singe ; mais d'autre part, dans sa
présomption ignorante, la théorie occidentale a rarement toléré que les évolutionnistes européens
poursuivissent leurs recherches dans une autre
direction et qu'ils comprissent que, pour nos descendants, nous pourrions être dans la même relation de parenté que le singe vis-à-vis de nous.
Et, cependant, les deux versions s'enchaînent.
L'évolution supérieure sera l'œuvre de notre progrès à travers les mondes successifs de notre système planétaire ; et nous reviendrons bien souvent
encore sur cette terre, sous des formes plus élevées ; mais les voies au bout desquelles nous entrevoyons en imagination ces probabilités, sont
d'une longueur quasi inimaginable.

On comprendra aisément que la chaine de mondes dont notre terre fait partie, n'est pas constituée dans son entier pour une existence matérielle exactement, ou même approximativement, semblable à la nôtre. Une chaîne de mondes uniforme n'aurait pas sa raison d'être car, dans ce cas, ils auraient pu être tous réunis en un seul. En réalité, les mondes en relation avec nous sont en tous points dissemblables, non seulement quant à leurs conditions extérieures, mais surtout dans la proportion où l'esprit et la matière entrent dans leur constitution. Dans notre monde l'esprit et la matière sont à peu près également répartis ; mais ne nous imaginons pas pour cela qu'il ait déjà atteint un stade avancé de perfection. Bien au contraire, il occupe une place fort inférieure dans l'évolution. Ceux qui occupent un rang plus élevé sont ceux dans lesquels l'esprit prédomine largement. Il existe un monde, rattaché à notre chaîne, plutôt qu'il n'en fait partie, où la matière domine encore plus que sur le nôtre ; mais nous reviendrons sur ce sujet plus tard.

Il semblera évident, à première vue, que les mondes plus élevés, que l'homme est appelé à habiter en raison de ses progrès successifs, doivent être d'une constitution de plus en plus spirituelle, c'est-à-dire que la vie sera toujours de plus en plus libérée des grossiers besoins matériels. Par contre, les mondes que nous pourrions dénommer inférieurs, ou plus exactement antérieurs, nous paraîtront, *à priori,* plus matériels que notre terre;

la vérité est pourtant tout autre et cela doit être
ainsi ; nous en serons convaincus après mûre réflexion, lorsque nous envisagerons la chaîne des
mondes comme une chaîne sans fin le long de laquelle doit se faire l'évolution. Si celle-ci s'opérait
en un seul tour, sans revenir sur elle-même, on
pourrait supposer alors qu'elle s'élèverait graduellement depuis la matière absolue jusqu'à l'esprit
absolu ; mais la nature opère constamment par
cercles fermés, cheminant toujours sur des sentiers
qui reviennent sur eux-mêmes. Le premier monde
développé, aussi bien que le dernier (car la chaîne
s'est formée graduellement), le plus reculé comme
aussi le plus avancé sont les plus immatériels, les
plus éthérés, de toute la série. Cette assertion
nous paraîtra concorder parfaitement avec l'ensemble des choses, si nous réfléchissons que le
monde le plus avancé n'est pas un point terminus,
mais bien un échelon pour passer au plus reculé,
de même que le mois de décembre nous ramène
à janvier. La monade individuelle ne retombe donc
pas, comme sous le coup d'une catastrophe, du
point culminant de l'évolution qu'elle avait mis
des millions d'années à atteindre, jusqu'à l'état
primitif. Entre le monde qui — pour des raisons
que l'on comprendra tout à l'heure — peut être
considéré comme le plus élevé sur l'arc ascendant
et celui qui, sur l'arc descendant suivant, peut être
pris comme étant le plus inférieur, il n'y a en réalité aucune descente, mais, au contraire, continuité

d'ascension et de progrès. Car la monade ou entité spirituelle, qui a parcouru le cycle de l'évolution à l'un quelconque des stades de développement auxquels on peut rapporter les diverses conditions d'existence qui nous entourent, recommence son cycle au stade plus élevé qui suit, de sorte qu'elle continue à progresser, tout en passant de nouveau du monde Z au monde A. Elle parcourt ce cycle maintes et maintes fois, faisant le tour entier du système ; il ne nous faut pas toutefois considérer ce parcours comme une simple révolution dans une orbite ; au contraire, dans l'ordre de la perfection spirituelle, c'est une ascension constante. Ainsi, si nous comparons le système des mondes à une série de tours élevées dans une plaine, ayant chacune plusieurs étages, symbolisant les degrés de la perfection, la monade spirituelle suit un chemin en spirale autour de la série entière, et à chaque passage sur une des tours, elle le fait à un niveau plus élevé que la fois précédente.

C'est faute de comprendre cette idée que la théorie de l'évolution physique se trouve constamment arrêtée par des barrières infranchissables. Elle cherche les chaînons manquants dans un monde où ils n'existent plus, car ils n'ont eu leur raison d'être que pendant un temps déterminé et ont disparu depuis. L'homme, dit Darwin, fut jadis un singe. C'est très vrai ; mais le singe de Darwin ne deviendra jamais un homme ; c'est-à-dire que sa forme ne variera pas de génération en génération, jusqu'à ce que la queue disparaisse et que les mains se changent en pieds, et ainsi de suite. La science générale peut bien constater les changements de forme qui s'opèrent dans les limites d'une espèce ; elle ne peut procéder que par voie de supposition pour les changements qui surviennent d'une espèce à l'autre ; et, pour les justifier, elle se contente d'alléguer de grands intervalles de temps et l'extinction des formes intermédiaires. Il y a eu certainement extinction de ces formes, ou des formes primitives de toutes les espèces (dans l'acceptation la plus large du mot) parmi tous les règnes, aussi bien minéral que végétal, animal et humain ; mais la science générale ne peut que conjecturer que telle chose a eu lieu, sans se rendre compte des conditions qui l'ont rendue nécessaire et qui interdisent une nouvelle génération des formes intermédiaires.

Les lacunes que nous constatons dans les formes qui animent cette terre, sont le résultat de la marche en spirale que suit le progrès accompli par les formes de vie évoluant dans les divers règnes de la nature. Le pas d'une vis qui, en réalité, est un plan uniformément incliné, se change en une succession d'échelons, sitôt que nous le regardons suivant une ligne parallèle à son axe. Les monades spirituelles qui parcourent le système sur le niveau animal, passent à d'autres mondes lorsqu'elles ont accompli leur tour d'incarnation animale sur celui-ci. Quand elles y reviennent elles sont prêtes pour l'incarnation humaine ; il n'est pas nécessaire, par conséquent, de transformer les formes animales en formes humaines, — celles-ci sont déjà prêtes à recevoir leurs locataires spirituels. Si, toutefois, nous retournons suffisamment en arrière, nous arriverons à une période où aucune forme humaine n'était prête à se développer sur cette terre. Lorsque les monades spirituelles, dans leur voyage sur le plan humain inférieur, ou primitif, commencèrent à arriver, leur impulsion soutenue dans un monde qui ne contenait encore que des formes animales, provoqua la transformation des plus élevées d'entre elles en formes adéquates, qui devinrent les fameux chaînons manquants.

Dans un certain sens, on peut soutenir que cette version est identique à la théorie de Darwin, en ce qui concerne le développement et l'extinction des formes intermédiaires. « Après tout », nous dirait un matérialiste, « nous n'avons pas à exprimer d'opinion sur l'origine de la tendance des espèces à produire des formes supérieures. Nous affirmons qu'elles les produisent en effet au moyen de formes intermédiaires, et que celles-ci disparaissent: et vous dites exactement la même chose.» Il y a cependant une différence entre les deux points de vue, pour celui qui veut réfléchir. Il ne faut pas considérer le processus normal de l'évolution, sous l'influence du milieu et de la sélection sexuelle, comme ayant la possibilité de produire des formes intermédiaires ; c'est pourquoi il est inévitable que celles-ci ne soient que temporaires et qu'elles disparaissent. Sans cela nous verrions le monde peuplé de formes intermédiaires de toutes sortes, des vies animales atteignant graduellement la forme humaine, et des formes humaines se mélangeant en confusion indescriptible avec celles des animaux. L'impulsion est virtuellement donnée à la nouvelle évolution des formes élevées (nous l'avons déjà démontré), par des poussées de monades spirituelles qui parcourent le cycle, susceptibles de recevoir des formes nouvelles. Ces impulsions vitales supérieures brisent la chrysalide de l'enveloppe ancienne, sur la planète qu'elles envahissent, et répandent autour d'elles une efflorescence de quelque chose de plus élevé.

Les formes qui se sont répétées pendant des millénaires reprennent leur croissance ; elles s'élèvent relativement vite au travers des formes intermédiaires jusqu'aux formes plus élevées, et, à mesure que celles-ci à leur tour se multiplient avec la vigueur et la rapidité de toutes les croissances nouvelles, elles fournissent des corps aux entités spirituelles qui arrivent à ce stade ou plan d'existence ; de sorte qu'il n'y a plus de corps disponibles pour les formes intermédiaires et fatalement celles-ci disparaissent.

C'est ainsi que l'évolution s'accomplit du moins

en son impulsion essentielle, par une marche progressive en spirale à travers le monde. Au cours de cette étude, nous avons un peu anticipé, en parlant d'un fait d'une importance capitale, qui nous aidera à nous former une idée exacte du système des mondes auquel nous appartenons. Nous voulons dire que la vague de vie, — la vague d'existence, l'impulsion spirituelle, de quelque nom qu'on l'appelle, — passe d'une planète à l'autre par poussées ou élans successifs et non en un courant continu et égal. Afin d'illustrer ma pensée par un exemple, nous pourrions comparer le procédé à une série de tonneaux ou récipients enfoncés en terre et reliés par de petits canaux à fleur du sol, comme on en voit parfois près des petites sources. Le courant de la source est recueilli dans le premier tonneau A, et ce n'est que quand celui-ci est plein qu'il déborde dans le tonneau B. Celui-ci se remplit à son tour et se déverse dans le tonneau C, par le petit canal à fleur de terre, et ainsi de suite. Quoiqu'un exemple si banal ne puisse nous donner qu'une image imparfaite, il illustre clairement l'évolution de la vie sur une chaîne de mondes comme celui auquel nous appartenons, et, même, l'évolution des mondes euxmêmes. Car l'évolution actuellement en cours n'implique pas la préexistence d'une chaîne de globes que la nature peuplerait d'existences ; c'est au contraire un procédé d'après lequel l'évolution de chaque globe est le résultat d'évolutions antérieures, et la conséquence de certaines impulsions abandonnées par leurs prédécesseurs, dans la surabondance de leur développement.

Nous avons maintenant à étudier cette phase du processus ; mais dès que nous abordons le sujet, nous sommes obligés de nous reporter en imagination à une période du développement de notre système bien antérieure à celle qui fait l'objet de notre exposé, c'est-à-dire l'évolution de l'homme. Il est évident que lorsque nous parlons du commencement des mondes, nous avons forcément affaire à des phénomènes qui n'ont rien de commun avec la *vie* telle que nous la comprenons, et qui, par conséquent, n'ont aucune relation avec les ondes vitales.

Mais procédons par ordre. La moisson humaine de l'impulsion vitale a été précédée de celle des formes simplement animales ; cela se conçoit ; avant celle-ci, il y a eu celle des formes végétales, qui ont, sans aucun doute, devancé l'apparition de la première forme animale sur notre planète. De leur côté, les organismes végétaux n'ont fait que succéder aux organismes minéraux, car un minéral n'est, à son tour, qu'une production de la nature, une évolution de quelque chose d'antérieur, comme l'est toute manifestation naturelle ; enfin, remontant toutes les vastes séries de ces manifestations, notre imagination commence à entrevoir l'origine non manifestée de toutes choses. Ne nous engageons pas dans cette question de métaphysique abstraite ; qu'il nous suffise d'admettre (et nous devrons nous efforcer de le faire si nous voulons étudier ce sujet) qu'une impulsion vitale a engendré les formes minérales, et qu'une impulsion de même nature transforme une race de singes en une race d'hommes rudimentaires. En sa minutieuse analyse, la science occulte remonte encore beaucoup plus loin en arrière que la période dans laquelle les minéraux ont commencé d'apparaître. Au cours de la transformation des nébuleuses ardentes en globes, la nature commence par quelque chose de bien antérieur aux minéraux, par les forces élémentales qui sont à la base des phénomènes de la nature perceptibles à nos sens. Mais laissons ce sujet de côté pour le moment, et occupons-nous du processus que nous étudions, à l'époque où le premier monde de la série (que nous nommerons globe A) n'était qu'un amas de formes minérales. Nous avons dit précédemment que le globe A était beaucoup plus éthéré, c'est-à-dire plus spirituel, que le globe que nous habitons ; et nous prions le lecteur de bien tenir compte de cet état de choses, lorsque nous le représentons, dès le début, comme un amas de formes minérales. Les formes minérales peuvent être des minéraux, en ce sens qu'elles n'appartiennent pas aux formes supérieures des organismes végétaux, et cependant elles peuvent être très immatérielles à notre point de vue, très éthérées, formées d'une sorte de matière fine et subtile, dans

laquelle l'autre pôle caractéristique de la nature,
l'esprit, prédomine de beaucoup. Les minéraux
que nous essayons de décrire sont, si j'ose m'exprimer ainsi, des fantômes de minéraux, n'ayant
aucune ressemblance avec les cristaux brillants et
durs, que nous admirons dans nos musées minéra-
logiques. Le progrès passe d'un monde à l'autre,
aussi bien pour ces sphères inférieures de l'évolution que pour les plus élevées, et c'est là le grand
point que nous tenons à préciser. Pendant la descente il y a, pour ainsi dire, progrès en matérialité, en densité, en fini, et ensuite, il y a progression ascendante en spiritualité, rendue possible
en première instance par le degré de fini de la
matière ou de la matérialité atteint. Nous verrons
que le processus d'évolution de l'homme dans les
stades supérieurs suit absolument la même marche.
Nous reconnaîtrons, d'ailleurs, dans toute notre
étude, qu'un processus, dans la nature symbolise
l'autre ; que le grand n'est que la répétition du
petit sur une plus vaste échelle. De ce que nous
venons de dire et pour expliquer le progrès des
organismes sur le globe A, il résulte que le règne
minéral ne pourra évidemment pas plus développer le règne végétal sur ce globe, avant d'avoir
reçu une impulsion du dehors, qu'il n'eût été possible à la terre de transformer le singe en homme,
si elle n'avait reçu la même impulsion du dehors.
Mais il y aurait inconvénient, pour le moment, à
revenir en arrière, pour étudier les impulsions

qui agissent sur le globe A, aux premiers stades de la construction du système.

Nous nous sommes déjà reportés si loin en arrière, pour nous faire une idée approximative de la période à laquelle nous arrivons, qu'un nouveau recul changerait complètement le caractère de notre exposé. Nous devons nous arrêter quelque part, et, pour le moment, nous n'avons rien de mieux à faire que de supposer que les impulsions vitales ont déjà pénétré sur le globe A. Maintenant que nous nous sommes arrêtés, nous pouvons passer rapidement sur l'immense période s'écoulant entre l'époque minérale et l'époque humaine sur le globe A, et reprendre à ce point le problème qui nous intéresse. Ce que nous avons déjà dit nous permet aussi de passer rapidement sur l'évolution intermédiaire. Le développement complet de l'époque minérale sur le globe A prépare la voie pour le développement du végétal, et une fois celui-ci commencé, la vie minérale se déverse sur le globe B. Puis, lorsque le règne végétal sur le globe A est complet, et que le développement animal commence, l'impulsion végétale passe au globe B, et l'impulsion minérale au globe C. C'est enfin à ce moment, et alors seulement, que l'impulsion de la vie humaine arrive sur le globe A.

Nous devons nous mettre en garde contre une fausse interprétation qui pourrait surgir ici. Ce processus, comme nous venons de le décrire sommairement, pourrait nous faire croire qu'au moment où l'impulsion humaine commençait sur le globe A, l'impulsion minérale commençait alors sur le globe D, et qu'au delà régnait le chaos. C'est loin d'être le cas, et pour deux raisons. La première, comme nous l'avons déjà dit, c'est qu'il y a des processus d'évolution qui précèdent l'évolution minérale, de sorte qu'une vague, voire même plusieurs vagues d'évolution, précèdent la vague minérale dans sa marche autour des sphères. Mais en outre de cela, et au-dessus, il existe un fait qui a une telle influence sur le cours des choses, que lorsque nous le comprendrons, nous verrons que l'impulsion vitale a parcouru déjà plusieurs fois tout le tour de la chaîne des globes, avant le commencement de l'impulsion humaine sur le globe A. Ce fait est le suivant : chaque règne d'évolution végétal, animal, et tous les autres, se divisent en plusieurs couches enroulées en spirales. Les monades spirituelles, — les atomes individuels de cette impulsion de vie, dont nous avons déjà tant parlé, — ne complètent pas leur existence sur le globe A, pour la compléter ensuite sur B, et ainsi de suite. Elles parcourent plusieurs fois tout le cercle comme minéraux, et ensuite plusieurs fois comme végétaux et encore plusieurs fois comme animaux. Nous nous abstenons intentionnellement, pour le moment, d'indiquer des chiffres, car il est préférable de donner d'abord une ébauche sommaire du système ; mais les adeptes ont divulgué pour la première fois, croyons-nous, des chiffres se rapportant à ces procédés de la nature, et nous les publierons sous peu, au cours de cet exposé ; pour le moment, qu'il nous suffise de bien comprendre l'ensemble du sujet.

Nous sommes arrivés maintenant au moment où l'homme rudimentaire commence son existence sur le globe A, globe où toutes choses sont à l'état de fantômes des êtres correspondants de notre monde actuel. Il commence sa longue descente dans la matière. L'impulsion vitale de chaque « ronde » déborde, et les races humaines s'établissent à différents degrés de perfection sur chaque planète à tour de rôle. Cependant le but des rondes est plus compliqué que ne le donnerait à croire notre exposé, si nous nous arrêtions ici. Le processus pour chaque monade spirituelle ne consiste pas seulement dans le passage d'une planète à l'autre. Chaque fois qu'elle arrive sur une planète, elle aura à accomplir un processus d'évolution très compliqué. Elle devra s'incarner bien des fois dans les races humaines successives, avant de continuer, et même bien des fois dans chaque grande race. Nous verrons, par la suite, que cette théorie verse des flots de lumière sur la condition actuelle de l'humanité, telle que nous la connaissons, nous donnant la clé des immenses différences au point de vue de l'intelligence et de la moralité, même de la prospérité dans son sens le plus élevé, qui généralement nous paraissent si douloureusement mystérieuses.

Ce qui a un commencement précis a, généralement aussi, une fin. Nous avons démontré que le processus évolutif exposé ici était né sous l'action de certaines impulsions ; nous pouvons, dès lors, en inférer qu'elles tendent à une consommation finale, un but et une conclusion. Il est vrai que le but est encore loin de nous. L'homme, tel que nous le connaissons sur cette terre, n'a accompli que la moitié de l'évolution à laquelle il doit son développement présent. Avant l'accomplissement de la destinée de notre système, il sera devenu aussi supérieur à son état actuel, qu'il l'est maintenant au « chaînon manquant » ou la forme intermédiaire entre l'animal et l'homme. Et ce progrès sera atteint sur notre terre même, tandis que dans les autres mondes de la série ascendante, il pourra s'élever à des sommets de perfection bien plus élevés. Il est absolument impossible aux esprits non versés dans l'étude des mystères occultes de se faire une idée du genre de vie qui sera réservé à l'homme avant son arrivée au zénith du grand cycle. Mais nous avons assez à faire de comprendre les détails de l'ensemble que nous présentons au lecteur aujourd'hui, sans essayer de pénétrer les conditions d'existence vers laquelle l'évolution s'achemine à travers les insondables abîmes de l'avenir.

Annotations.

Je me suis servi d'une expression dans le chapitre précédent qui ne concorde pas tout à fait avec la notion plus complète que je me suis formée, depuis la publication de ce livre. Je disais que : « les monades spirituelles — les atomes individuels de cette impulsion de vie, dont nous avons déjà tant parlé — ne complètent pas leur existence sur le globe A, pour la compléter ensuite sur B, et ainsi de suite. Elles parcourent plusieurs fois tout le cycle comme minéraux et ensuite plusieurs fois comme végétaux, etc. » Je m'explique maintenant que j'aie pu m'exprimer ainsi, à ce moment, mon but étant surtout de montrer comment l'entité humaine sortait graduellement de stades évolutifs commencés tout d'abord dans les règnes inférieurs. Mais après mûre réflexion, il devient manifeste que la descente de l'esprit dans la matière, le vaste processus dont l'évolution de l'humanité et tout ce qui y mène n'est que le couronnement, ne permet à la séparation des individualités de s'accomplir qu'à un stade beaucoup plus lointain que celui envisagé dans le passage que je viens de citer. Dans les mondes minéraux, où les formes supérieures végétales et animales n'ont pas encore apparu, il n'existe encore rien qui ressemble à une monade spirituelle individuelle (si ce n'est quelque unité qui, tout en étant inconcevable, peut cependant être admise en théorie)

dans les impulsions de vie qui devront donner naissance, plus tard, à des chaînons d'existence supérieurement organisée. De même que, dans une note
précédente, nous avons admis l'existence d'une
unité d'impulsion de vie dans le cas d'un Ego humain déchu, se séparant totalement du courant
évolutif dans lequel il avait été lancé, de même
nous pourrons supposer, en remontant en arrière,
que cette même unité se retrouve aux premiers
débuts de la chaîne planétaire. Mais ce ne peut être
là qu'une simple hypothèse de précaution et nous
nous réservons d'éclaircir plus tard plusieurs mystères, sur lesquels nous ne pouvons nous étendre
pour le moment. Pour apprécier le sujet, d'une
façon générale il est préférable de considérer la
première *descente* de l'esprit dans la matière
comme suscitant une manifestation homogène. Les
formes spécifiques du règne minéral, les cristaux
et les roches, ne sont, à proprement parler, que
des bouillonnements dans la masse, qui prennent
temporairement une forme individuelle partielle,
se précipitant de nouveau dans la substance du
cosmos en croissance ; mais ce ne sont pas encore
de véritables individualités. L'individualité ne se
déclare même pas dans le règne végétal. Le végétal transforme la matière organique en manifestation physique, et prépare le terrain pour l'évolution plus élevée du règne animal. C'est dans celui-ci que, pour la première fois, et cela seulement
dans les sphères supérieures, nous voyons appa-

raître la véritable individualité. Ce n'est donc que quand le passage de la grande impulsion vitale autour de la chaîne planétaire est arrivé au niveau de l'incarnation animale, que les monades spirituelles représentent une pluralité à laquelle le prénom « *elles* » est applicable.

Ce n'est certes pas dans le but d'encourager une étude approfondie de l'évolution grandiose qui nous occupe, que les adeptes ont introduit dans ce livre le sujet de la chaîne planétaire. En ce qui concerne l'humanité actuelle, la période pendant laquelle la terre sera occupée par notre race est plus étendue qu'il ne faut pour absorber toute notre énergie spéculative. L'importance de l'évolution qui doit s'accomplir pendant cette période, est bien suffisante pour épuiser, jusqu'aux dernières limites, les capacités d'une imagination ordinaire. Mais il est extrêmement utile aux étudiants de la doctrine occulte, avant de concentrer leur attention sur l'évolution particulière de notre planète, de se rendre compte, une fois pour toutes, de la pluralité des mondes de notre système, ainsi que de leur dépendance l'un de l'autre et de la relation intime qui existe entre eux. En effet, sous beaucoup de rapports, comme nous le verrons bientôt, l'évolution d'une planète particulière suit une marche analogue à celle qu'affecte la série complète de planètes à laquelle elle appartient. Les anciens livres occultes, avec leur phraséologie obscure, font mention quelquefois des états successifs d'un monde, comme s'ils parlaient de différents mondes successifs, et *vice versa*. Il en résulte une confusion dans l'esprit du lecteur, et, suivant sa manière de voir, il interprète différemment les passages obscurs. La confusion disparaît, lorsque nous comprenons que nous devons envisager les vérités de la nature sous les deux points de vue. Chaque planète, tant qu'elle est occupée par l'humanité, passe par de très importantes et très impressionnantes métamorphoses, dont l'effet nous apparaîtra, presque dans chaque cas, comme la reconstitution du monde. Néanmoins, si nous groupons tous ces changements en une unité, ils n'en formeront plus qu'un seul, faisant partie d'une série de changements plus élevés. Les différents mondes de la chaîne sont des réalités objectives et non des symboles de changement dans un seul monde variable.

Nous reviendrons sur ce sujet à la fin du chapitre suivant, où nos remarques trouveront leur place naturelle.

CHAPITRE IV

LES PÉRIODES DES MONDES

Le premier coup d'œil jeté sur la doctrine occulte du développement de l'homme sur la terre nous offre un exemple frappant de l'uniformité de la nature. L'évolution de l'homme s'opère, dans ses grandes lignes, de la même façon que celle, plus étendue, de la chaîne complète des mondes. Le travail intérieur d'organisation de notre monde, en ce qui concerne son unité de construction, est identique à celui de l'organisation plus vaste, dont ce monde n'est qu'une unité. Nous voulons dire que le développement de l'humanité sur cette terre s'accomplit au moyen de vagues successives de développement, correspondant aux mondes successifs de la chaîne planétaire. Rappelons ce qui a déjà été dit : la grande vague de vie humaine avance tout autour du cycle des mondes en ondes successives. Nous nommerons ces périodes de croissance de l'humanité des *rondes*. Il ne faut pas oublier que les unités individuelles qui constituent chaque ronde successive, sont absolument les mêmes, quant à leurs principes supérieurs ; c'est-à-dire que les individualités qui ont vécu sur la terre pendant une ronde, y reviennent après avoir parcouru la série entière des mondes, formant ainsi la seconde ronde, et ainsi de suite. Mais le point sur lequel nous devons insister, c'est que l'unité individuelle qui au cours d'une ronde, arrivé sur une planète quelconque de la série, ne fait que toucher cette planète pour passer ensuite à la suivante. Avant d'aller plus loin, on devra vivre dans toute une série de races sur cette planète. Ce fait permettra au lecteur de se faire déjà une idée approximative de l'ensemble, en révélant la similitude de plan entre un seul monde et la série complète sur laquelle nous avons déjà attiré son attention. De même que le système de la nature auquel nous appartenons, considéré dans son ensemble, est le résultat d'une série de rondes autour de tous les mondes, l'évolution de l'humanité sur chaque monde s'accomplit au moyen d'une série de races développées à tour de rôle suivant les limites de chaque monde.

Il est temps, maintenant, si nous voulons rendre plus intelligible l'action de cette loi, de donner les chiffres réels des périodes exposées par notre doctrine. Il eût été prématuré de commencer par eux ; mais dès que nous avons bien saisi l'idée d'une chaîne de mondes en admettant que l'évolution sur chacun d'eux s'accomplit au moyen d'une série de renaissances, l'étude du détail de l'opération des lois qui les régissent sera facilitée de beaucoup par la connaissance exacte du nombre des mondes, ainsi que du nombre des rondes et des races nécessaires au parachèvement du but de ce système. Car la durée totale du système, ne l'oublions pas, est aussi limitée dans le temps que l'est la vie d'un homme. *Non pas*, sans doute, limitée à un nombre déterminé d'années, inexorablement fixé dès l'origine ; mais limitée en ce sens que ce qui a un commencement s'achemine nécessairement vers une fin. Sans parler des accidents éventuels, la vie d'un homme est limitée à une durée finie et, de même, la vie d'un système de mondes doit aussi arriver à une consommation finale. Les immenses périodes de temps qui s'écoulent pendant la durée d'un système de mondes, bien qu'éblouissant notre imagination, sont cependant mesurables ; elles se divisent en diverses sous-périodes, dont le nombre est défini et limité.

Il importe peu de rechercher par quel instinct prophétique Shakespeare est arrivé au nombre sept dans sa classification dramatique des âges de l'homme ; mais il est certain qu'il n'aurait pu faire un choix plus heureux. L'évolution des races humaines s'accomplit par périodes septénaires et le nombre des mondes objectifs qui forment le système planétaire dont nous faisons partie est également de sept. Noublions pas que les savants occultistes tiennent ce fait pour acquis, tout comme nos physiciens reconnaissent que le spectre est composé de sept couleurs et la gamme musicale de sept tons. Il y a sept règnes dans la nature et non pas trois, contrairement à la classification erronée de la science moderne. L'homme appartient à un règne absolument distinct de celui des animaux, et comprenant des êtres d'une organisation bien supérieure à celle que l'humanité nous a présentée jusqu'à présent ; et, au-dessous du règne minéral, il en existe encore trois autres, dont la science ocidentale ne sait absolument rien ; mais, laissons de côté, pour le moment, cette branche du sujet, que nous ne mentionnons que pour montrer la régularité avec laquelle fonctionne la loi septénaire de la nature.

Revenant au règne qui nous intéresse, disons que l'homme évolue par séries de rondes (en progressant autour de la série des mondes) et qu'il faut qu'il accomplisse sept de ces rondes avant l'achèvement des destinées de notre système. Nous en sommes actuellement à notre quatrième ronde. La connaissance exacte de ces questions donne lieu à des considérations du plus haut intérêt, car chaque ronde est, pour ainsi dire, spécialement affectée au développement de l'un des sept principes de l'homme dans l'ordre régulier de leur gradation ascendante.

L'unité individuelle qui arrive sur une planète

pour la première fois pendant le cours d'une ronde, devra passer par sept races sur cette planète avant de passer à la suivante, et chacune de ces races occupera la terre pendant longtemps. Nos théories surannées sur le temps et l'éternité, basées sur les obscurs systèmes religieux de l'Occident, ont suscité en nous d'étranges habitudes d'esprit, quant à la solution de problèmes se rapportant à la durée exacte de ces périodes. Nous parlons couramment de l'éternité et, d'autre part, quelques milliers d'années ne nous effraient point ; mais aussitôt que nous voulons grouper en chiffres précis des calculs de périodes qui dépassent l'horizon ordinaire de notre pensée, la théologie occidentale est portée avec quelque illogisme à les récuser comme absurdes. Ainsi dons nous, qui vivons présentement sur cette terre (ou tout au moins la grande majorité de l'humanité, car il y a des cas exceptionnels que nous étudierons plus tard), nous passons en ce moment par la cinquième race de notre quatrième ronde. Et cependant l'évolution de cette cinquième race a commencé il y a environ un million d'années. Pouvons-nous espérer que le lecteur, considérant que la cosmogonie dont nous nous occupons ne prétend pas traiter de l'éternité, aura le courage de calculer des périodes qui s'étendent sur des millions d'années et qui comptent même ces millions en nombres considérables ?

Chacune des sept races qui composent une ronde, c'est-à-dire qui ont évolué sur la terre suc-

cessivement pendant son occupation par la grande
vague de vie humaine dans son parcours autour
de la chaîne planétaire, est, elle-même, susceptible de subdivision. S'il n'en était pas ainsi, les
existences de chaque unité humaine seraient très
peu nombreuses et très espacées entre elles. Dans
les limites de chaque race, il y a sept sous-races,
et chaque sous-race se subdivise en sept rameaux
de race. D'une façon générale, chaque unité individuelle humaine aura à passer par chacune de
ces races pendant son séjour sur la terre, chaque
fois qu'une ronde nouvelle l'y ramène. A la réflexion, cette nécessité ne doit rien présenter de
plus effrayant pour l'esprit qu'une hypothèse supposant un nombre plus restreint d'incarnations.
Quel que soit en effet le nombre de vies, considérable ou non, qu'une unité individuelle peut avoir
à traverser sur cette terre au cours d'une ronde,
elle ne peut continuer son voyage avant le moment
où la vague tout entière effectue son passage. On
verra même, par le calcul que nous esquissons,
que la durée de la vie physique de chaque unité
individuelle ne peut être qu'une fraction minime
de tout le temps qu'elle aura à passer depuis son
arrivée sur la terre, jusqu'à son départ pour la
planète suivante. La plus grande partie de ce temps
(suivant notre estimation de la durée) s'écoulera
dans cet état d'existence subjective, qui appartient
au « Monde des effets » ou monde spirituel, rat-

taché à la terre physique où s'écoule notre existence objective.

On devra étudier parallèlement la nature de l'existence dans le monde spirituel et celle de l'existence qui se déroule sur la terre physique, envisagée plus haut dans l'exposé des incarnations dans les races. Nous ne devons jamais oublier qu'entre deux vies physiques quelconques, l'unité individuelle traverse une période d'existence dans le monde spirituel correspondant. Et c'est parce que les conditions de cette existence sont réglées d'après l'usage qui a été fait des occasions offertes dans la vie physique qui vient de se terminer, que le monde spirituel est souvent appelé, dans les livres occultes, le monde des effets. La terre est à ce point de vue le monde correspondant des causes.

Naturellement, ce qui passe dans le monde des effets, après une incarnation dans le monde des causes, c'est l'unité individuelle, ou monade spirituelle ; mais la personnalité, qui vient de se dissoudre, la suit aussi à un degré dépendant du mérite de cette personnalité, c'est-à-dire de la nature de ses actions pendant sa vie. La période de temps qu'elle aura à passer dans le monde des effets (infiniment plus longue, dans chaque cas, que la vie qui l'y a amenée) correspond à l'« au-delà », autrement dit, au ciel de la théologie ordinaire.

Les notions étroites des conceptions religieuses ordinaires ne visent qu'une seule vie spirituelle et ses conséquences dans la vie future. La théologie nous enseigne que l'entité en question a eu son commencement dans cette vie physique, et que la vie spirituelle à venir est éternelle. Or, nous savons, par les éléments de science occulte que nous exposons, que ces deux vies ne constituent qu'une portion de la destinée de l'entité durant son séjour dans l'un des sept rameaux de race, appartenant à une des sept sous-races, qui, de leur côté, sont les sept subdivisions d'une des sept races-mères, amenées sur notre terre au cours d'une des sept rondes de l'humanité, lesquelles, pour accomplir leur destination dans la Nature, auront à l'occuper à tour de rôle ; et ce sont ces molécules microscopiques, parties infinitésimales du système tout entier, auxquelles la théologie commune accorde plus d'importance qu'à l'ensemble, puisqu'elle leur attribue une durée sans fin.

Nous mettrons, ici, le lecteur en garde contre une conclusion, à laquelle les explications antérieures pourraient le conduire, explications, parfaitement exactes en elles-mêmes, mais encore insuffisamment étendues. Il ne parviendra pas à calculer exactement le nombre de vies qu'une entité individuelle aura à passer sur la terre pendant le cours d'une occupation par une ronde, en élevant simplement le nombre sept à la troisième puissance. Si elle ne passait qu'une seule existence dans chaque rameau de race, le nombre total serait de 343 ; mais chaque vie descend au moins deux fois dans le monde objectif dans chaque rameau de race ; en d'autres termes, chaque monade s'incarne deux fois dans cette division. De plus, il existe une curieuse loi cyclique dont l'effet est d'augmenter le nombre total des incarnations au delà de 686. Chaque race subdivisionnaire possède à son apogée une certaine vitalité supplémentaire, qui lui fait essaimer un rejeton de race additionnel à ce moment de son progrès ; elle en procrée encore un autre au moment de son agonie pour ainsi dire. La vague entière de vie humaine parcourt ces races ; il en résulte que le nombre normal des incarnations pour chaque monade n'est pas éloigné de 800. Ce nombre est variable dans des limites relativement étroites ; nous n'étudierons qu'ultérieurement les différents aspects de cette question.

La loi méthodique qui entraîne, une à une *toutes* les entités humaines individuelles dans le courant de la vaste évolution, que nous avons décrite, n'est nullement incompatible avec la possibilité de dévier vers les destinées anormales, ou l'anéantissement ultime, qui menacent la *personnalité* des gens qui cultivent de très grossières affinités. La distribution des sept principes après la mort le démontre assez clairement, mais les explications ultérieures sur l'évolution permettront de comprendre mieux encore la situation. L'entité permanente est celle qui persiste à travers toute la série de vies, non seulement pendant la durée des races appartenant à notre présente « ronde » sur la terre, mais aussi à travers les autres « rondes » et les autres mondes. En général cette entité pourra retrouver en temps opportun, bien que dans un avenir inconcevablement éloigné si on veut l'évaluer en années, le souvenir de toutes ces vies, qui lui apparaîtront comme à nous de simples journées dans le passé. Cependant, la coque astrale que nous rejetons à chaque passage dans le monde des effets, a une existence propre plus ou moins indépendante, tout à fait séparée de celle de l'entité spirituelle qu'elle vient de quitter.

La nature de ce reliquat astral est un problème très important et très intéressant ; mais l'étude méthodique de l'ensemble du sujet nous oblige, d'abord, à chercher à comprendre la destinée de l'Ego plus élevé et plus durable ; de sorte qu'avant d'entrer dans ces considérations, nous avons encore beaucoup à dire au sujet du développement des races objectives.

Quoique la science ésotérique s'occupe surtout de sujets généralement considérés comme appartenant au domaine religieux, elle ne serait pas l'exposé complet, compréhensible et sincère qu'elle est en réalité, si elle manquait à montrer que tous les faits de la vie terrestre sont en harmonie avec sa doctrine. Il lui serait impossible de rechercher et de connaître la manière par laquelle la race humaine a évolué à travers les âges et les séries de

planètes, si elle n'avait été en mesure de déterminer (l'enquête secondaire étant contenue dans la
principale) la manière dont la vague humaine qui
nous occupe en ce moment, a évolué sur cette
terre. Bref, les facultés qui permettent aux adeptes de percer les mystères des autres mondes et
des autres états d'existence, ne les rendent nullement inaptes à se reporter en arrière et à remonter
le courant de la vie de ce globe. Aussi, tandis que
tout ce que notre histoire soi-disant universelle
peut nous enseigner, se réduit à l'histoire de quelques milliers d'années, l'histoire de la terre, qui
est une des branches des connaissances ésotériques,
remonte aux événements de la quatrième race qui
précéda la nôtre, et à ceux de la troisième race
qui précéda celle-là. Elle remonte certainement
plus loin encore ; mais les première et seconde races n'eurent pas un développement qu'on puisse
qualifier de civilisation, de sorte qu'il y a moins à
dire de celles-là que de leurs successeurs. Si
étrange qu'il puisse paraître à quelques lecteurs
modernes, que nous parlions de civilisations ayant
existé sur la terre il y a quelques millions d'années,
les troisième et quatrième races les connurent certainement. Où en sont les vestiges ? nous deman-
deront-ils. Comment la civilisation que l'Europe a
donnée à l'humanité pourrait-elle s'évanouir assez
complètement pour que les futurs habitants de
notre terre puissent ignorer qu'elle ait jamais

existé ? Comment pourrions-nous concevoir qu'une semblable civilisation ait disparu sans laisser de traces ?

La réponse se trouve dans la marche régulière de la vie des planètes, qui va parallèlement avec la vie de leurs habitants. Les périodes des grandes races-mères sont séparées les unes des autres par de grandes convulsions de la nature, et d'importants changements géologiques. L'Europe, en tant que continent, n'existait pas lorsque florissait la quatrième race. Le continent sur lequel vécut la quatrième race n'existait pas lors de l'épanouissement de la troisième race, et aucun des continents où vécurent les civilisations de ces deux races n'existe aujourd'hui. Sept grands cataclysmes continentaux ont lieu pendant l'occupation de la terre par la vague de vie humaine au cours d'une ronde. Chaque race est anéantie de cette manière, à l'heure voulue, quelques-uns des survivants continuant à vivre dans des parties du monde qui ne furent pas le berceau de leur race ; mais ceux-ci, alors, présentent invariablement une tendance à la régression, et retombent plus ou moins vite dans la barbarie.

Le berceau propre de la quatrième race, qui précéda immédiatement la nôtre, était ce continent dont la littérature exotérique elle-même a quelque peu conservé la mémoire, l'Atlantide ; toutefois, la grande île dont Platon mentionne la destruction, n'était en réalité que le dernier vestige

du grand continent. « Dans l'âge éocène, m'a-t-il
été dit, même dès le début, le grand cycle des
hommes de la quatrième race, des Atlantes, avait
déjà atteint son point culminant, et le grand continent, le père de presque tous les continents d'aujourd'hui, montrait déjà les premiers symptômes
d'affaissement : chute qui continua jusque il y a
11.446 ans, lorsque sa dernière île, que d'après
son nom indigène nous pourrons justement nommer Poseidonis, s'effondra dans un cataclysme.

« La Lémurie » (un ancien continent qui s'éten-
dait au sud de l'Inde, sur tout ce qui est maintenant l'Océan Indien, mais relié à l'Atlantide, car
l'Afrique n'existait pas alors) « ne doit pas plus
être confondue avec le continent de l'Atlantide
que ne le sont l'Europe et l'Amérique. Tous deux
furent engloutis et submergés, eux, leur haute civilisation et leurs dieux ; et cependant une période de 700.000 ans s'écoula entre les deux ca-
tastrophes : l'épanouissement et la destruction de
la Lémurie ayant eu lieu pendant le laps de temps
qui précéda la première partie de l'âge éocène,
puisque cette race était la troisième. Voyez les
restes de ce qui fut, un jour, une grande nation,
dans quelques indigènes à tête plate de votre Aus-
tralie. »

Ce fut une erreur d'un auteur récent, dans un
ouvrage sur l'Atlantide, que de peupler l'Inde et
l'Egypte avec des colonies de ce continent ; nous
y reviendrons plus loin.

« Pourquoi vos géologues » (ainsi me dit mon vénéré maître le Mahatma) « ne réfléchissent-ils pas que les continents qu'ils ont fouillés et explorés, et dans les entrailles desquels ils ont découvert l'âge éocène (l'obligeant à leur livrer ses secrets), recèlent peut-être, dans les profondeurs insondables ou plutôt insondées des océans, d'autres continents, bien plus anciens encore, dont les couches n'ont pas encore été explorées par la géologie ; et même que la découverte de ces continents pourrait bouleverser un jour leurs théories? Pourquoi ne pas admettre que nos continents d'aujourd'hui ont été submergés déjà plusieurs fois, tout comme l'Atlantide et la Lémurie, et ont eu le temps de réapparaître et de porter leurs nouveaux groupes de races et de civilisations humaines ; et qu'au premier soulèvement géologique, au cours du prochain cataclysme, dans la série des bouleversements périodiques qui ont lieu du commencement à la fin de chaque ronde, nos continents déjà fouillés s'effondreront, et que les Lémuries et les Atlantides surgiront à nouveau?

« La quatrième race a eu, bien entendu, ses périodes de très haute civilisation. » (La lettre dont je cite quelques passages a été écrite en réponse à une série de questions que j'avais posées.) « Les civilisations grecque et romaine, et même égyptienne, ne sont rien comparées à celles qui commencèrent avec la troisième race. Les hommes de la seconde race n'étaient pas des sauvages, mais on ne peut pas les appeler des civilisés.

« Les Grecs et les Romains furent de petites sous-races, et quant aux Egyptiens, ils faisaient partie intégrante de notre famille caucasienne. Considérez ceux-ci, et l'Inde. Après avoir atteint la plus haute civilisation, et qui plus est, *la science*, tous deux disparurent ; l'Egypte, une sous-race distincte, disparut complètement, car ses Coptes n'en sont qu'un reste hybride ; l'Inde, qui représentait un des premiers et des plus puissants rejetons de la race-mère, composée d'une quantité de sous-races, subsiste encore aujourd'hui et lutte pour reconquérir un jour sa place dans l'histoire.

« L'histoire n'a que des aperçus épars et vagues sur ce qu'était l'Egypte il y a 12.000 ans, alors qu'après avoir atteint le point culminant de son cycle quelques milliers d'années auparavant, elle était sur son déclin.

« Les Chaldéens étaient à l'apogée de leur célébrité en occultisme avant ce que vous appelez l'âge de Bronze. Nous affirmons (mais quelle garantie pouvez-vous donner au monde que nous ayons raison?) que de bien plus hautes civilisations que la nôtre ont prospéré et disparu. Il ne nous suffit pas de dire, comme le font quelques-uns de vos auteurs modernes, qu'une civilisation aujourd'hui éteinte existait avant la fondation de Rome et d'Athènes. Nous affirmons qu'une série

de civilisations a existé aussi bien avant qu'après
la période glaciaire sur divers points du globe,
qu'elles ont atteint l'apogée de leur gloire, puis se
sont éteintes. On avait perdu non seulement la
trace, mais aussi la mémoire des civilisations assy-
rienne et phénicienne, jusqu'aux découvertes d'il y
a quelques années. Et voilà qu'elles révèlent une
page nouvelle, mais non des plus reculées de l'histoire de l'humanité ; et cependant, bien que ces civilisations ne nous reportent pas aussi loin en arrière que les plus anciennes, l'histoire n'en ac-
cepte que difficilement les témoignages. L'archéo-
logie a amplement prouvé que la mémoire humaine
remonte bien plus loin que l'histoire ne consent à
l'admettre, et les traditions sacrées des anciennes
nations naguère puissantes, conservées de père en
fils, sont encore plus dignes de foi. Nous parlons
de civilisations antérieures à la période glaciaire,
et cette assertion paraît absurde non seulement aux
esprits vulgaires et profanes, mais même **aux**
plus savants géologues. Qu'allez-vous dire de notre
affirmation concernant les Chinois (j'entends les
vrais Chinois, ceux du centre de la Chine, et non
pas le mélange hybride de quatrième et cinquième
races, qui occupe maintenant le trône) : les aborigènes qui, par leur descendance sans alliage, appartiennent exclusivement au plus haut et dernier
rameau de la quatrième race, atteignirent leur plus
haut degré de civilisation avant l'apparition en

Asie de la cinquième race. A quel moment? Calculez. On trouva dans le groupe d'îles découvertes par Nordenskiöld, à bord du *Vega,* des fossiles de chevaux, de moutons, de bœufs, etc., etc., au milieu d'ossements d'éléphants, de mammouths, de rhinocéros et d'autres monstres appartenant à une période où, suivant notre science, l'homme n'avait pas encore fait son apparition sur la terre. Comment se fait-il qu'on ait trouvé des chevaux et des moutons en compagnie de monstres antédiluviens?

« Non seulement la région emprisonnée aujourd'hui dans les glaces éternelles, que l'homme, le plus fragile des animaux, n'habite pas, a eu un climat tropical, on le prouvera bientôt, et votre science ne le nie pas, mais elle a été aussi le siège d'une des plus anciennes civilisations de la quatrième race, représentée dans ses vestiges les plus élevés par ces Chinois dégénérés, et dont le résidu inférieur (aux yeux du moins du savant profane) est irrémédiablement confondu avec les débris de la troisième race. Je vous ai déjà dit que le peuple le plus élevé aujourd'hui, au point de vue spirituel, appartient à la première sous-race de la cinquième race-mère. Ce sont les Ariens Asiatiques; la race la plus élevée en intellectualité physique, la dernière sous-race de la cinquième, c'est vous, leurs conquérants blancs. La majorité de l'humanité appartient à la septième sous-race de la quatrième race-mère, qui se compose des Chinois ci-

dessus nommés et de leurs rejetons et rameaux
(Malais, Mongols, Thibétains, Javanais, etc., etc.),
ainsi que de quelques survivants d'autres subdivisions de la quatrième et de la septième sous-
races de la troisième race. Tous ces restes d'humanité en apparence déchue et avilie sont les descendants directs de nations hautement civilisées,
dont ni le nom ni la mémoire n'ont survécu, sauf
dans des livres comme le *Populvuh*, le livre sacré
des anciens Guatémaliens, et quelques autres ignorés de la science. »

J'avais demandé comment on peut expliquer l'essor du progrès humain au cours des deux derniers
millénaires, essor curieux, si on le compare avec
l'état relativement stagnant des hommes de la
quatrième ronde, et cela jusqu'au commencement
de la période du progrès moderne. Cette question
provoqua les explications citées ci-dessus, ainsi que
les remarques suivantes, au sujet de la récente impulsion du progrès humain :

« C'est la fin d'un cycle très important. Chaque
ronde, chaque race, ainsi que chaque sous-race,
a ses grands et petits cycles sur chaque planète
où passe l'humanité. Notre humanité de la quatrième ronde a son grand cycle, aussi bien que
ses races et ses sous-races. Le remarquable essor
est dû au double effet du premier — le commencement de sa course descendante — et du dernier
(le petit cycle de votre sous-race) qui arrive à son
apogée. Rappelez-vous que vous appartenez à la

cinquième race, et que cependant vous n'en êtes qu'une sous-race occidentale. Malgré tous vos efforts, ce que vous appelez civilisation est limité à cette dernière et à ses ramifications en Amérique. Sa clarté décevante paraît rayonner plus loin qu'elle ne le fait en réalité. Il n'y a pas d'essor en Chine, et vous n'avez fait qu'une caricature du Japon.

« Un étudiant de l'occultisme ne devrait pas parler de l'état stagnant des membres de la quatrième ronde, puisque l'histoire n'a rien ou presque rien connu de cet état chez les nations, autres que celles de l'Occident, *jusqu'au début du progrès moderne.* Que savez-vous par exemple de l'Amérique, avant son invasion par les Espagnols? Moins de deux siècles avant l'arrivée de Cortès, il y eut un aussi grand essor vers le progrès, parmi les sous-races du Pérou et du Mexique, que celui qu'on voit maintenant en Europe et aux Etats-Unis. Leur sous-race se termina par une extermination presque totale, à la suite de causes qu'elle avait elle-même engendrées. Nous ne pouvons parler que d'un état stagnant dans lequel, suivant la loi d'évolution, — croissance, maturité et déclin, — chaque race et sous-race tombe pendant les périodes de transition. Voilà l'état que connaît votre histoire universelle, tandis qu'elle est superbement ignorante de celui dans lequel l'Inde même se trouvait il y a dix siècles. Vos sous-races s'acheminent vers l'apogée de leurs cycles respectifs, et leur histoire ne remonte pas plus loin que la période de déclin de quelques autres sous-races qui appartiennent presque toutes à la précédente quatrième race. »

Je demandai à quelle période appartenait l'Atlantide, et si le cataclysme qui la détruisit arriva à une époque déterminée dans le cours de l'évolution et correspondant, dans le développement des races, à l'obscuration des planètes ; voici quelle fut la réponse :

« A l'époque miocène : tout, dans l'évolution des rondes, vient en son temps et lieu, sinon il serait impossible au prophète le plus clairvoyant de calculer l'heure et l'année exactes auxquelles tel cataclysme, petit ou grand, doit se produire. Tout ce qu'un adepte pourrait faire serait de prédire une époque approximative, tandis qu'on peut maintenant prédire les événements qui produiront de grands bouleversements géologiques, avec une certitude aussi mathématique que les éclipses ou autres révolutions dans l'espace. L'affaissement de l'Atlantide (le groupe de continents et d'îles) commença pendant la période miocène, tout comme on observe que certains de vos continents commencent à s'affaisser graduellement ; son premier résultat fut la disparition du plus grand continent, événement qui coïncida avec le surgissement des Alpes, puis vint celle de la dernière de ses belles îles, mentionnées par Platon. Les prêtres égyptiens de Saïs informèrent son ancêtre, Solon, que l'Atlantide (c'est-à-dire la dernière grande île restante) avait péri environ 9.000 ans avant leur époque.

« Cette date n'était pas une date de fantaisie, car depuis des milliers d'années ils avaient conservé avec le plus grand soin leurs annales. Toutefois, autant que je sache, ils ne parlaient que de Poseidonis, et ne consentirent pas à dévoiler leur chronologie secrète, même au grand législateur grec. Comme il n'y a pas de raisons géologiques pour en douter, et que, au contraire, il y a une foule de preuves pour accepter la tradition, la science a finalement convenu de l'existence d'un grand continent et d'un archipel, confirmant ainsi, une fois de plus, la véracité d'une soi-disant *fable*.

« L'approche de chaque nouvelle obscuration est toujours signalée par des cataclysmes d'eau ou de feu. En outre, chaque race-mère doit être divisée en deux parties, pour ainsi dire, par l'un ou par l'autre. Ainsi, lorsque la quatrième race, les Atlantes, eurent atteint l'apogée de leur développement et de leur gloire, ils furent détruits par l'eau ; on ne retrouve aujourd'hui que leurs survivants dégénérés, dont chaque sous-race néanmoins eut ses jours de gloire et de grandeur relative. Ce qu'elles sont aujourd'hui, vous le deviendrez un jour, la loi des cycles étant UNE et immuable. Lorsque votre race, la cinquième, aura atteint le zénith de l'intellectualité physique, et aura développé son maximum de civilisation (rappelez-

vous la distinction que nous établissons entre civilisation matérielle et civilisation spirituelle)
incapable de s'élever davantage dans son cycle,
sa course vers le mal absolu sera arrêtée (de
même que vos prédécesseurs les Lémuriens et les
Atlantes ont été arrêtés dans leur marche vers le
même mal) par un de ces cataclysmes ; votre haute
civilisation sera détruite, et toutes les sous-races
de cette race redescendront leurs cycles respectifs,
après une courte période de gloire et de sagesse.
Voyez les survivants des Atlantes, les anciens Grecs
et Romains (les modernes appartiennent à la cinquième race). Considérez aussi combien grands et
de quelle courte durée, combien éphémères furent
leurs jours de gloire et de célébrité. Car ils n'étaient
que des sous-races des sept rameaux de la race-
mère. Aucune race-mère, pas plus que ses sous-
races ou rameaux, ne peut, suivant l'*unique* loi,
empiéter sur les prérogatives de la race, ou sous-
race, qui doit lui succéder ; encore moins empiéter sur les connaissances et les pouvoirs qui sont
réservés à son successeur. »

Le « progrès vers le mal absolu », arrêté par
les cataclysmes qui détruisent chaque race à tour
de rôle, est le résultat consécutif de recherches intellectuelles et de progrès scientifiques de l'acquisition de ces pouvoirs sur la nature qui proviennent aujourd'hui même, chez les adeptes, du
développement prématuré de facultés supérieures
à celles que nous employons généralement. J'ai

traité, incidemment, de ces pouvoirs dans un chapitre précédent, lorsque j'ai parlé de nos Maîtres ésotériques ; leur description me mènerait trop loin, en m'entraînant à de longues digressions sur les phénomènes occultes. Il suffit de dire qu'ils sont de nature à constituer de grands dangers pour la société en général, en provoquant des crimes de tous genres qui défieraient toutes recherches, si ces facultés étaient au pouvoir de personnes qui ne les considéreraient pas comme un dépôt profondément sacré. Quelques-uns de ces pouvoirs ne sont rien autre que l'application pratique des forces cachées de la nature, susceptibles d'être découvertes au cours du progrès de la science ordinaire. Ce progrès avait été atteint par les Atlantes. Les savants positifs de cette race avaient appris à opérer la désintégration et la réintégration de la matière, ce que peu de personnes, à l'exception des spirites, savent être possible ; ils avaient aussi acquis le contrôle sur les élémentals, grâce auquel ils pouvaient accomplir ce phénomène, ainsi que beaucoup d'autres plus prodigieux encore. Ces pouvoirs placés dans les mains de personnes sans scrupules, désireuses de s'en servir dans un but égoïste, occasionneraient non seulement des calamités sociales, mais elles exciteraient, chez les personnes qui les détiendraient, cette pernicieuse exaltation spirituelle, dont les effets sont autrement terribles que la souffrance et les malaises dans ce monde. Voilà pourquoi, lorsque l'intelli-

gence physique, non tempérée par la morale élevée, s'élance dans la région réservée au progrès
spirituel, la loi naturelle la réprime violemment.
On saisira mieux cette possibilité, lorsque nous
nous occuperons des grandes destinées vers lesquelles tend l'humanité.

Le principe suivant lequel les diverses races humaines sont guidées collectivement dans leur évolution, par la loi cyclique, bien qu'elles exercent
individuellement le libre arbitre qu'elles possèdent
sans aucun doute, est, ici, clairement mis en lumière. Pour les personnes qui n'ont considéré les
affaires humaines qu'au point de vue restreint que
l'histoire nous enseigne, le cours des choses ne
paraîtra peut-être pas présenter un caractère cyclique, mais bien plutôt un progrès intermittent, ac-
tivé parfois par de grands hommes et des circonstances fortuites, ou retardé par les guerres, la
superstition ou des intervalles de stérilité intellectuelle, tout en avançant, en fin de compte, plus ou
moins vite.

Le point de vue ésotérique, par l'ampleur des
observations que la science occulte est à même
de rassembler, ayant une tendance complètement
contraire, il n'est pas inutile de terminer ces explications par l'extrait d'un ouvrage d'un auteur
distingué, absolument étranger au monde occulte,
et qui cependant, par suite d'une étude rigoureuse
des annales de l'histoire, se prononce résolument
en faveur de la théorie des cycles. Le Dr J.-W.

Draper, dans son *Histoire du développement intellectuel de l'Europe,* nous dit ce qui suit :

« Comme nous le disons souvent, nous sommes les créatures des circonstances. Il y a dans cette expression une plus haute philosophie qu'il ne paraît à première vue... Nous devrions, donc considérer le cours des choses à ce point de vue plus exact, en reconnaissant le principe suivant lequel les entreprises humaines avancent dans un sens déterminé, en se développant et en s'étendant. C'est pour cela que nous voyons que les événements, dont nous avons parlé comme s'ils avaient dépendu de notre volonté, ont été, en réalité, imposés à leurs auteurs apparents par la nécessité des temps. On devrait les considérer, cependant, comme l'histoire d'une certaine phase de leur vie, que les nations présentent tôt ou tard. Chez l'individu, ne voyons-nous pas l'exubérance et l'outrecuidance de la jeunesse se transformer, dans l'âge mûr, à la suite d'événements fortuits, en la sobriété d'action et en la gravité propres à cet âge ; chez l'un, ce seront peut-être des deuils domestiques ; chez un autre, la perte de la fortune ; chez un troisième, une maladie. Nous ne nous trompons pas en imputant ce changement de caractère à diverses épreuves ; mais nous ne nous flattons pas de cette illusion que ce changement ne serait pas survenu, sans ces incidents. Une destinée irrésistible passe à travers toutes ces vicissitudes... Il existe une analogie entre la vie d'une nation et celle d'un individu, lequel, tout en étant, en un sens, le propre artisan de sa vie, pour le bien ou pour le mal, pour son bonheur ou son malheur, qu'il reste ici ou qu'il aille là suivant que le poussent ses inclinations, qu'il fasse ceci ou laisse cela selon ses goûts, est toujours conduit par une destinée inexorable, — une destinée qui le met au monde sans sa volonté, qui lui fait traverser une existence définie, dont les étapes sont absolument invariables, — bas âge, enfance, adolescence, maturité, vieillesse, avec leurs actions et leurs passions caractéristiques, — et qui le supprime de la scène au moment voulu, le plus souvent contre son gré. Il en est de même pour les nations ; ce qui est volontaire n'est que l'apparence extérieure, couvrant, en la cachant à peine, la prédestination. Nous pouvons diriger les incidents de la vie ; mais nous n'avons aucun contrôle sur la loi de son progrès. Il y a une géométrie qui détermine la courbe du progrès des nations, l'équation de leur courbe évolutive. Aucun mortel n'y saurait apporter le moindre changement. »

CHAPITRE V

Il était impossible d'aborder l'étude des états par lesquels les principes supérieurs de l'homme passent après la mort, sans donner auparavant, dans son ensemble, un aperçu de la méthode de développement de l'homme au cours de son évolution. Cette partie de notre tâche étant maintenant accomplie, nous pouvons étudier les destinées de chaque Ego humain, dans l'intervalle qui s'étend entre la fin d'une vie incarnée et le commencement d'une autre. Au début d'une vie nouvelle, le Karma de la vie objective précédente détermine le genre d'existence dans lequel l'individu devra renaître. Cette doctrine du Karma est un des traits les plus intéressants de la philosophie bouddhiste. Elle n'a jamais été tenue secrète ; cependant elle a été parfois incomprise, faute d'une interprétation exacte de certains éléments de cette philosophie, qui, eux, sont toujours restés strictement ésotériques.

Karma est une expression collective, qui s'ap-

plique au groupe compliqué d'affinités pour le
bien ou pour le mal, engendrées par un être humain au cours de sa vie, et dont le caractère est
conservé dans son cinquième principe pendant tout
l'intervalle qui s'écoule entre la mort après une
vie objective, et sa naissance dans la suivante.

Cette doctrine, telle qu'on la présente quelquefois, pourrait faire croire à l'existence d'une autorité spirituelle supérieure, qui jugerait les actes
de la vie humaine après la mort, pèserait les bonnes et les mauvaises actions, et rendrait un jugement après un examen complet de la cause. Toutefois, la compréhension de la façon dont les
principes humains se dissocient après la mort
nous fournira la clé de l'opération de Karma, et
nous renseignera en même temps sur le sujet important que nous allons traiter présentement, la
condition spirituelle de l'homme immédiatement
après la mort.

A' la mort, les trois principes inférieurs, — le
corps, sa vitalité purement physique et son double
astral — sont complètement abandonnés par ce
qui est vraiment l'Homme, et les quatre principes
supérieurs s'évadent dans le monde immédiatement supérieur au nôtre ; c'est-à-dire, dans un
monde plus élevé dans l'ordre de la spiritualité,
localisé non pas au-dessus de notre monde, mais
en réalité dans notre monde et en faisant partie ;
autrement dit dans le Plan Astral, ou Kama Loca,

suivant l'expression sanscrite bien connue. Une division s'opère ici entre les deux duades qui constituent les quatre principes supérieurs. Les explications que nous avons déjà fournies sur l'état encore imparfait des principes supérieurs de l'homme, montreront que cette manière d'envisager la dissociation des principes, comme si elle s'opérait mécaniquement, n'est qu'un moyen bien rudimentaire d'envisager la question. Il faut que l'esprit du lecteur lui-même fasse les rectifications nécessaires à l'aide des éclaircissements que nous lui avons donnés. On pourrait la définir autrement, en disant que c'est l'épreuve du degré de développement du cinquième principe. Si nous nous en tenons au premier point de vue, nous devons supposer que les sixième et septième principes, d'une part, entraînent le cinquième, l'âme humaine, dans une direction donnée, tandis que, d'autre part, le quatrième principe l'attire vers la terre. Or, le cinquième principe est une entité fort complexe, pouvant se subdiviser en éléments supérieurs et éléments inférieurs. Dans la lutte qui a lieu entre ses anciens principes, naguère associés, les meilleures, les plus pures et les plus élevées de ses portions spirituelles s'attachent au sixième principe, et ses instincts inférieurs, ainsi que ses impulsions et ses souvenirs, sont entraînés par le quatrième ; de sorte qu'il est, pour ainsi dire, partagé en deux. La partie inférieure, associée

au quatrième principe, s'éloigne au gré de l'atmosphère terrestre, tandis que les meilleurs éléments, ceux qui, ne l'oublions pas, constituent
véritablement l'Ego de la défunte personnalité, son
individualité, sa conscience, suivent les sixième et
septième principes dans une condition spirituelle
que nous allons examiner.

Ecartant le nom populaire de cette condition
spirituelle, entaché de trop d'erreurs, nous nous
en tiendrons à la désignation orientale de cette
région, ou état dans lequel les principes supérieurs des créatures humaines passent après la
mort ; d'autant plus que, si le Dévakhan de la philosophie bouddhiste correspond sur certains points
à l'idée moderne et européenne d'un ciel, il s'en
écarte sur d'autres points plus importants encore.

Toutefois, et en premier lieu, ce qui survit en
Dévakhan, ce n'est pas seulement la monade individuelle, qui persiste à travers tous les changements du système évolutionnaire, passant d'un
corps à un autre, et d'une planète à l'autre, et
ainsi de suite ; — ce qui survit en Dévakhan, c'est
la personnalité propre de l'homme, consciente de
son moi, sauf quelques restrictions dont nous nous
occuperons tout à l'heure ; elle reste la même
personnalité qu'elle était sur cette terre, en ce qui
concerne ses sentiments supérieurs, ses aspirations, ses affections, voire même ses penchants.
Nous pourrions peut-être dire que c'est l'essence
de son dernier « moi » personnel.

Je crois utile de transcrire ici ce que le colonel H.-S. Olcott nous dit, dans son *Catéchisme bouddhiste*, au sujet de la différence intrinsèque qu'il établit entre *l'individualité* et *la personnalité*. Ecrites, non seulement avec l'approbation du grand-prêtre de Sripada et de Galle, Sumangala, mais aussi d'après l'enseignement direct de son Gourou adepte, ses paroles auront un poids considérable pour l'étudiant en occultisme. Voici ce qu'il nous dit dans ses annotations : « Après réflexion j'ai substitué le mot « personnalité » à celui d'« individualité » qui figurait dans la première édition. Les apparitions successives sur une ou plusieurs terres, ou les « descentes en génération » des Skandhas ou parties d'un être rendues cohérentes en vertu de *Tanha,* sont une succession de personnalités. A chaque naissance la personnalité diffère de celle de la précédente incarnation ou de la suivante. Karma, *le Deus ex machina,* se cache (dirons-nous se réfléchit?) aujourd'hui dans la personnalité d'un sage ; demain dans celle d'un artisan et ainsi de suite, tout le long de la chaîne des renaissances. Mais, quoique les personnalités changent, la ligne de vie à laquelle elles sont attachées, comme les perles à un fil, conserve d'un bout à l'autre son unité. C'est toujours cette *ligne particulière* et non pas une autre. Elle est donc individuelle ; c'est une onde vitale individuelle qui a son origine dans le Nirvâna ou état subjectif de la nature, de même que l'onde lumineuse ou calorique qui parcourt l'éther a pris naissance dans sa source dynamique ; elle traverse l'état objectif de la nature sous l'impulsion de Karma et la direction créatrice de Tanha, et tend à retourner au Nirvâna après de nombreux cycles de métamorphose. M. Rhys Davids nomme « caractère » ou « action » ce qui passe d'une personnalité à une autre le long de la chaîne individuelle. Mais, puisque le « caractère » n'est pas seulement une abstraction métaphysique, mais aussi la somme totale de nos qualités morales et mentales, si nous envisagions l'onde vitale comme une individualité, et chaque série de ses manifestations, de ses naissances, comme une personnalité séparée, cela aiderait peut-être à dissiper ce que M. Rhys Davids appelle « l'expédient désespéré d'un mystère ».

« Bouddha, en niant l'âme (voyez Sanyutto Nikaya du Sutta Pitaka), avait en vue l'erreur si commune de la croyance à une personnalité transmissible, indépendante ; une entité qui ne changerait pas d'une naissance à l'autre, en marche vers un lieu ou un état dans lequel, entité parfaite, elle jouirait ou souffrirait éternellement. Ce qu'il nous enseigne, c'est que la permanence de la conscience du *Moi* est logiquement impossible, puisque ses particules constituantes élémentaires changent constamment, et que le « Moi » d'une existence diffère du « Moi » de toutes les autres. Or, tout ce que je connais du bouddhisme s'accorde avec la théorie de l'évolution graduelle de l'homme parfait, — c'est-à-dire devenu Bouddha par l'expérience d'innombrables vies. La personne qui, au terme de sa chaîne d'existences, aura atteint la condition de Bouddha, qui aura réussi à s'élever au quatrième stage de Dhyana, le développement mystique volontaire, reverra, dans ses avant-dernières existences, l'ensemble de toute cette série d'incarnations. Une expression qui corrobore bien cette idée, revient continuellement dans le « Jatakattahavanana » que M. Rhys Davids a si bien traduit ; la voici : *Le Bienheureux révéla alors un événement caché par le changement de naissance,* ou, « ce qui avait été dissimulé par etc., etc. » Le Bouddhisme primitif croyait donc fermement à la permanence des annales de l'Akasa, ainsi qu'au pouvoir de l'homme d'en prendre connaissance, une fois arrivé au degré de la véritable sagesse individuelle. »

Les sentiments et les penchants sensuels de la personnalité défunte l'abandonent en Dévakhan, mais il ne s'ensuit pas que rien ne puisse subsister dans cet état, à l'exception des sentiments religieux ou des pensées ayant trait à la philosophie spirituelle. Au contraire, toutes les phases supérieures, même des émotions sensuelles, trouvent en Dévakhan une sphère appropriée à leur développement. Pour suggérer toute une série d'idées, il suffit de prendre pour exemple l'âme d'un homme ayant aimé passionnément la musique ; en Dévakhan, elle jouira continuellement du ravissement que procure la musique. Une personne qui, sur terre, aura concentré dans les affections le meilleur de son âme, retrouvera en Dévakhan tous les êtres qu'elle aura aimés. Mais on ne manquera pas de se demander ce qu'il peut advenir si certaines de ces personnes aimées ne méritent pas elles-mêmes le Dévakhan. La réponse est que cela n'a pas d'importance. Pour la personne qui les a aimés, *ces êtres seront là*. Il n'est pas nécessaire d'en dire bien long pour trouver l'explication de ce mystère. Le Dévakhan est un état subjectif. Il paraîtra aussi réel que les chaises et les tables qui nous entourent : rappelons-nous bien que pour la profonde philosophie occulte, les chaises, les tables et toutes les choses de ce monde, n'ont aucune réalité, et ne sont que des illusions passagères des sens. Les réalités de Dévakhan, pour ceux qui y entrent, seront aussi vraies, et même plus, que les réalités de ce monde pour nous.

Il s'ensuit que l'*isolement* subjectif de Dévakhan, que l'on pourrait se représenter à première vue, n'est pas du tout en réalité un isolement, au sens où nous comprenons ce mot sur le plan d'existence physique ; c'est une association avec tout ce que l'âme désire, personnes, objets ou connaissances. L'examen attentif de la place que le Dévakhan occupe dans la nature, nous démontrera que cet isolement subjectif de chaque unité hu-

maine est la seule condition qui rende plausible
la conception d'une survie spirituelle et bienheu-
reuse pour l'humanité en général. Or, le Dévakhan est un état de félicité pure et absolue pour
tous ceux qui y entrent, dans la même proportion
qu'Avitchi en est l'opposé. Il n'y a pas d'inégalité
ou d'injustice dans ce système ; le Dévakhan est
loin d'être identique pour les bons comme pour les
indifférents, mais ce n'est pas une vie de responsabilité ; il en résulte logiquement que la souffrance
ne saurait y trouver de place, pas plus que dans
Avitchi il n'y a de place pour la jouissance ou le
repentir. C'est une vie d'*effets* et non de *causes;*
une vie dans laquelle on ne travaille pas pour un
salaire, mais où on le reçoit. Donc, il est impossible que dans cet état on puisse avoir connaissance de ce qui se passe sur la terre. Si cette connaissance existait, il n'y aurait pas de bonheur
possible dans la vie après la mort. Un ciel qui
serait un observatoire, d'où les occupants pourraient encore voir les misères de notre monde,
constituerait, en réalité, un lieu de souffrance morale intolérable pour les plus aimants, les plus dé-
sintéressés et les plus méritants de ses habitants.
Si nous leur attribuons une sympathie très limitée, n'ayant cure des souffrances des autres, après
que le petit nombre de ceux qu'ils aimaient les auraient rejoints, ils devraient néanmoins traverser
une bien triste période d'attente, avant que les
survivants eussent achevé, ici-bas, une existence

parfois longue et laborieuse. Cette hypothèse même serait d'autant moins admissible qu'elle rendrait le ciel insupportable à ses habitants les plus
tendres et les plus généreux, dont la souffrance
réflexe continuerait à s'alimenter des malheurs de
la race humaine en général, même après que leurs
proches auraient été délivrés par la mort. La seule
manière de sortir de ce dilemme serait de supposer que le ciel n'est pas encore prêt à ouvrir ses
guichets, pour ainsi dire, et que tous ceux qui ont
vécu depuis Adam jusqu'à nos jours, attendent, en
état de trance, la résurrection de la fin du monde.
Cette hypothèse présente aussi son côté faible ;
mais nous avons moins à nous occuper actuellement des théories des autres croyances, que de
l'unité scientifique du Bouddhisme ésotérique.

Le lecteur qui admet que la connaissance des
choses terrestres dans le ciel y rendrait tout bonheur impossible, pourrait douter néanmoins que
le vrai bonheur y fût possible, en objectant la monotonie de l'isolement dont nous venons de parler. Cette objection provient d'une imagination qui
ne peut pas se détacher de son milieu actuel. Personne ne se plaindra d'avoir trouvé monotones la
minute, le moment ou l'heure, selon le cas, de la
plus grande jouissance éprouvée dans la vie. La
plupart ont eu des moments de bonheur qu'ils pourront au moins revivre un instant pour suivre notre comparaison ; supposons un seul instant de

ce bonheur, trop court pour qu'il ait donné lieu même à un soupçon de monotonie; imaginez alors ces sensations prolongées à l'infini, sans qu'aucun événement extérieur vienne marquer la durée du temps. Il n'y a, dans une telle condition, aucune place pour l'idée de lassitude. La sensation pure et durable de bonheur intense se prolonge, non pas indéfiniment, car les causes qui l'ont engendrée ne sont elles-mêmes pas éternelles, mais durant des périodes énormes, jusqu'à ce que le pouvoir efficient de la cause ait été épuisé.

Il ne faut pas s'imaginer non plus qu'il n'y ait pour ainsi dire aucun changement d'occupation pour les âmes en Dévakhan, ni qu'un seul des moments de sensation terrestre ait été exclusivement choisi pour se perpétuer. Comme dit un écrivain d'une haute autorité sur ce sujet : « Il existe deux champs de manifestations possibles : l'un objectif, et un autre subjectif. Les énergies grossières, — celles qui opèrent dans les états les plus denses de la matière, — se manifesteront objectivement dans la vie physique suivante, leur conséquence étant cette nouvelle personnalité de chaque naissance, qui défile à son tour dans le grand cycle de l'individualité en évolution. Il n'y a que les activités morales et spirituelles qui trouvent leur sphère effective en Dévakhan. Or la pensée et l'imagination étant sans limites, comment peut-on imaginer en Dévakhan rien qui ressemble à de la monotonie? Ils sont peu nombreux ceux dont la vie aura été dépourvue de sentiment, d'amour, ou tout au moins de quelque prédilection mentale, au point de les rendre inaptes à éprouver une période proportionnée de Dévakhan après leur vie terrestre. Supposons par exemple un grand philosophe, qui soit en même temps un mauvais ami et une âme égoïste ; peut-être ses vices physiques et ses penchants sensuels auront-ils pour résultat la renaissance d'un esprit nouveau et d'une intelligence plus grande encore, mais aussi d'un homme très malheureux, récoltant les effets karmiques de toutes les causes produites par son ancienne existence, compensation inévitable des passions dominantes de sa vie antérieure; mais la période intermédiaire entre ses deux naissances physiques *ne peut être* autre chose, suivant les lois admirablement coordonnées de la nature, qu'un *hiatus* inconscient. Il est impossible qu'il existe une aride lacune, comme celle que la théologie protestante chrétienne laisse espérer ou plutôt entrevoir, entre la mort et la résurrection, pour les âmes qui auront quitté ce monde, et qui devront flotter dans l'espace, en état de catalepsie mentale, jusqu'au jour du « Jugement Dernier ». Les causes produites par l'énergie mentale et spirituelle étant beaucoup plus étendues et plus importantes que celles créées par les impulsions physiques, leur effet, pour le bien ou le mal, doit être proportionnellement plus grand. Les vies, vécues sur cette terre, ou sur d'autres, n'offrant pas de champ approprié à de tels effets, et chaque laboureur ayant droit à sa propre moisson, ces effets devront naturellement se développer, soit dans le Dévakhan, soit dans l'Avitchi [1]. Prenons pour exemple Bacon, dont un poète disait qu'il était :

« Le plus brillant, le plus sage et le plus vil des hommes »,

il se pourrait qu'il revienne, dans sa prochaine incarnation, sous la forme d'un âpre usurier, doué de facultés intellectuelles extraordinaires. Mais, si grandes que soient ces dernières, elles ne trouveraient pas, dans la ligne mentale particulière précédemment suivie par le fondateur de la philosophie moderne, de champ d'action où il pût récolter tout le fruit de son travail. Seuls l'avocat retors, le procureur général corrompu, l'ami ingrat, ou le ministre malhonnête, pourraient trouver, sous l'impulsion de Karma, un terrain approprié dans le corps de l'usurier, en reparaissant sous cette forme d'un nouveau Shylock. Mais alors, que serait devenu Bacon, ce penseur incomparable, dont les recherches philosophiques sur les plus profonds problèmes de la nature furent « le premier, l'unique et le dernier amour »? Où est allé ce géant intellectuel de sa race, une fois dépouillé de sa nature inférieure? Tous les effets de cette intel-

---

1. Les états inférieurs de Dévakhan s'enchaînent avec ceux d'Avitchi.

lligence hors ligne ont-ils dû s'évanouir et disparaître? Certainement non. Ses énergies morales et spirituelles devaient trouver aussi un champ d'expansion. Ce champ c'est le Dévakhan. Voilà comment fructifient tous ses plans de réforme morale, toutes ses recherches abstraites sur les principes de la nature, toutes les divines aspirations spirituelles qui ont si bien rempli la partie brillante de son existence. L'entité abstraite, connue dans l'existence antérieure sous le nom de François Bacon, et qui, dans sa prochaine réincarnation, *pourrait* être représentée par un vil usurier, créature de Bacon lui-même, son Frankenstein, l'enfant de son Karma, cet être sera absorbé, en attendant, dans le monde spirituel également préparé par lui-même, par la jouissance effective des causes spirituelles, sublimes et bienfaisantes qu'il aura semées pendant sa vie. Il continuera à vivre une existence consciente, purement spirituelle — un rêve d'une intense réalité — jusqu'à ce que Karma soit satisfait sur ce point; alors la vague d'énergie ayant atteint les bords de son bassin pour ce cycle secondaire, l'être passera à l'état causal suivant, dans ce monde-ci ou dans un autre, selon son degré d'avancement... Donc, *il y a* un changement d'occupation en Dévakhan, un changement continuel. Car cette vie de rêve est le fruit, la moisson des semences psychiques tombées de l'arbre de notre existence physique pendant nos instants de rêve ou d'espérance, lueurs fugitives de béatitude et d'extase, étouffées dans un sol social ingrat, mais qui fleurissent dans l'aurore vermeille de Dévakhan et mûrissent sous ce ciel à jamais fécond. L'homme n'eût-il connu qu'un seul instant d'expérience idéale, son Dévakhan ne serait pas, comme on pourrait le supposer, la prolongation indéfinie de ce seul instant. Cette note unique, tirée de la lyre de la vie, formerait la tonique de la condition subjective de cet être, et se résoudrait en harmoniques infinies de fantasmagorie psychique. Là, toutes nos espérances déçues, toutes nos aspirations et nos rêves sont pleinement réalisés, et les songes de l'existence objective deviennent les réalités de la vie subjective. Là, derrière le voile de Maya, ses apparences vaporeuses et trompeuses sont dévoilées à l'Initié, qui a appris le grand secret de pénétrer jusqu'aux abîmes des Mystères de l'Etre... »

L'existence physique se déroule en intensité croissante depuis l'enfance jusqu'à l'âge mûr, et son énergie décroît, dès ce moment, et va par la vieillesse à la mort ; l'existence de rêve en Dévakhan suit un cours parallèle. D'abord viennent le premier frisson de la vie psychique, puis la force de l'âge ; l'épuisement graduel de l'énergie se transforme en une léthargie consciente, puis semi-consciente ; alors vient l'oubli, et enfin, — non pas la mort, mais la renaissance ! — la renaissance dans une autre personnalité, le retour à l'action, engendrant constamment de nouvelles suites de causes, qui s'épuiseront par un nouveau séjour en Dévakhan.

On nous objectera peut-être : Ce n'est pas là une réalité ; ce n'est qu'un rêve ; l'âme ainsi baignée dans une sensation illusoire de félicité sans réalité aucune est constamment trompée par la nature, et elle éprouvera une déception terrible, lorsque le réveil lui montrera son erreur. Mais, dans l'ordre des choses, elle ne s'éveille jamais et ne peut pas se réveiller.

Le réveil de Dévakhan est la renaissance dans la prochaine vie objective, et à ce moment la coupe du Léthé a été bue. L'âme n'a aucune conscience d'un isolement quelconque ; elle ne peut non plus avoir aucune impression d'être séparée des compagnons qu'elle a choisis. Ces compagnons ne sont pas de ceux qui cherchent à se séparer d'elle; ce ne sont pas de ces amis qui se lassent des amis qui les chérissent, même si cette âme ne s'en lassait pas elle-même. L'amour, la force créatrice, a placé leur image vivante devant l'ami qui désire ardemment leur présence, et cette image ne se dissipera jamais.

Ici, je ne puis faire mieux que d'emprunter de nouveau le langage de mon Maître : « Ceux qui font des objections de cette nature, commettent une pétition de principe, en supposant entre des entités en Dévakhan une mutualité de relations qui ne s'applique qu'à l'existence physique. Deux âmes sympathiques, désincarnées toutes les deux, subiront chacune leurs sensations dévakhaniques, en faisant participer l'autre à sa félicité subjective. Ceci sera naturellement aussi réel pour chacune d'elles, que si elles étaient encore sur cette terre. Et cependant, chacune est séparée de l'autre au point de vue de l'association corporelle ou personnelle. Cette dernière, la seule que nous reconnaissions sur cette terre comme une relation *véritable,* non seulement représenterait pour l'habitant de Dévakhan quelque chose d'irréel, mais elle n'aurait pour lui aucune existence, même en tant qu'illusion ; car, pour ses sens spirituels, un corps physique, et même un Mayavi-rupa, demeure aussi invisible qu'il l'est lui-même au sens physiques de ceux qu'il a le mieux aimés sur terre. Ainsi, lors même qu'un des intéressés vit encore et reste inconscient de cette relation dans son état de veille, tous les rapports avec lui constituent une *réalité* absolue pour celui qui est en Dévakhan. D'ailleurs quel autre rapport serait possible, sinon cette relation purement idéale, que nous venons de dépeindre, entre des entités *subjectives,* qui ne sont même pas aussi matérielles que cette ombre éthérée d'un corps — le Mayavi-rupa ? Objecter une duperie de la nature, et dire que cette sensation de félicité est une illusion « sans réalité aucune », c'est prouver qu'on est absolument incapable de concevoir une condition de vie en dehors de notre existence matérielle. Car, comment établir en

Dévakhan, — c'est-à-dire en dehors des conditions de la vie terrestre — une distinction analogue à celle que nous faisons entre ce que dans notre monde nous appelons une réalité et sa contrefaçon factice et artificielle? Le même principe n'est pas applicable aux deux points de vue. Pouvons-nous concevoir que ce que dans notre état corporel physique nous considérons comme une réalité, existe aussi dans les mêmes conditions, comme réalité, pour une entité désincarnée? Sur terre l'homme est double, — en ce sens qu'il est composé de matière et d'esprit ; — il est donc très naturel qu'il établisse dans son esprit, chargé d'analyser ses sensations physiques et ses perceptions spirituelles, une distinction entre une réalité et une fiction ; et cependant, même dans cette vie où les deux groupes de facultés s'équilibrent constamment, le groupe prédominant considère comme une fiction ou une illusion ce que l'autre prétend être très réel. Mais, en Dévakhan, notre Ego cesse d'être double, dans le sens indiqué ci-dessus, et devient une entité mentale, une entité spirituelle. Ce qui était une fiction, un rêve dans la vie, ce qui n'existait que dans notre imagination, devient dans les nouvelles conditions d'existence la seule *réalité* possible. Ainsi, en supposant la possibilité d'une autre réalité pour l'habitant de Dévakhan, nous commettons une absurdité, une erreur grossière, anti-philosophique au dernier point. La chose actuelle est celle qui est accomplie *de facto* : la réalité d'une chose est prouvée par son actualité. Le supposé et l'artificiel n'ayant aucune existence possible dans la condition dévakhanique, la conséquence logique est que tout y est actuel et réel. Car, soit qu'il plane sur nos cinq principes inférieurs pendant la vie de la personnalité, soit qu'il se dissocie des principes inférieurs lors de la séparation du corps, notre sixième principe, l'âme spirituelle, ne possède pas de substance, il est constamment *Arupa* ; d'autre part, il n'est pas rivé à un endroit ou entouré d'un horizon limité de perception. *Dans* le corps mortel ou *en dehors,* il reste toujours distinct de lui et indépendant de ses limites ; de sorte que si nous appelons les sensations dévakhaniques des *tromperies de la Nature,* nous ne pourrons jamais donner le nom de réalité aux sentiments purement abstraits, comme par exemple la perception idéale du beau, la philanthropie élevée, l'amour, etc., ainsi que toutes les autres sensations purement spirituelles, qui appartiennent à notre âme *supérieure* et qui, reflétés et assimilés par elle, remplissent notre âme de joie ou de douleur pendant notre existence. »

Rappelons-nous qu'en vertu de la nature même du système exposé, il y a une diversité infinie du bonheur en Dévakhan, proportionnée aux degrés infinis de mérite dans l'humanité. Si le « Monde à venir » était vraiment le ciel objectif que la

théologie courante nous représente, son fonction-
nement donnerait lieu à des injustices criantes et
à des à peu près. D'abord on y serait admis ou
on en serait exclu, et les différences de faveurs
accordées à certains hôtes, dans cette région favo-
risée, ne concorderaient pas suffisamment avec les
différences de mérite dans cette vie. Mais le ciel
réel de notre terre s'adapte aux besoins et aux mérites de chaque nouvel arrivant avec une certitude
infaillible : non seulement en ce qui concerne la
durée de l'état bienheureux, fixée par les causes
engendrées dans la vie objective, mais aussi pour
l'intensité et l'ampleur des émotions qui constituent cette béatitude ; le ciel de chaque personne
qui atteint ce paradis très réel, est exactement en
rapport avec sa capacité pour en jouir. Il est la
création de ses propres aspirations, de ses propres
facultés. Les esprits non initiés ne pourraient pas
en comprendre davantage, mais cette simple indi-
cation de sa nature suffit à nous montrer combien
il vient juste à sa place dans le procédé entier de
l'évolution.

Je reprends ici mes citations directes : « Dévakhan est donc une *condition* et non pas un
lieu déterminé, de même qu'Avitchi, son antithèse,
qu'il ne faudrait pas confondre avec l'*Enfer*. La
philosophie bouddhiste ésotérique reconnaît trois
Lokas, qu'elle nomme : 1" *Kama loka*, 2" *Rupa
loka* ; et 3" *Arupa loka*. La traduction littérale de
ces termes serait : 1" le monde des désirs ou pas-

sions, des appétits terrestres inassouvis, séjour des coques, des victimes de morts violentes, des élémentaires et des suicidés ; 2° le monde des formes, c'est-à-dire des ombres plus spirituelles, qui ont une forme objective, mais pas de substance ; 3° le monde non formel, ou plutôt où ne réside aucune forme, l'incorporel, puisque ses habitants ne peuvent avoir pour nous autres mortels, dans le sens que nous y attachons, ni corps, ni forme, ni couleur. Voilà les trois sphères de spiritualité croissante vers lesquelles sont attirés les divers groupes d'entités subjectives et semi-subjectives. Tous, sauf les suicidés et les victimes de mort violente et prématurée, vont suivant leurs affinités ou leurs facultés, soit en Dévakhan, soit en Avitchi ; ces deux états comprennent les innombrables subdivisions des Rupa loka et Arupa loka ; c'est-à-dire que non seulement chaque état présente une variété de formes ou de couleurs à l'entité subjective, mais aussi qu'il existe une progression infinie de ces états dans l'ordre de la spiritualité et de l'intensité des sentiments, depuis le plus bas degré du Rupa loka jusqu'au point le plus sublime de l'Arupa loka. L'étudiant devra se rappeler que *personnalité* est synonyme de limitation ; et que plus les pensées d'une personne sont égoïstes et mesquines, plus elle s'attachera aux sphères inférieures, et s'attardera sur le plan des rapports sociaux égoïstes. »

Puisque Dévakhan est une condition de pure jouissance subjective, dont la durée et l'intensité sont déterminées par le mérite et la spiritualité de la dernière vie terrestre, il n'y a aucune occasion pour l'entité d'y voir punir ses mauvaises actions. Toutefois la nature ne saurait s'accommoder de pardonner les péchés avec une facile complaisance ou de condamner irrévocablement les pécheurs, ainsi que le ferait un maître, avec plus d'indolence que de bonté, dans le gouvernement de sa maison. Le Karma du mal, grand ou petit, opère aussi sûrement, à l'heure dite, que le Karma du bien. Toutefois son lieu d'opération n'est pas Dévakhan, mais soit une renaissance, soit Avitchi, un état qui n'est atteint que dans des cas exceptionnels et par des natures également exceptionnelles. En d'autres termes, tandis que le pécheur ordinaire récoltera le fruit de ses mauvaises actions dans une prochaine réincarnation, au criminel d'exception, à l'aristocrate du péché, est réservé l'Avitchi, état de souffrance spirituelle subjective qui est le revers du Dévakhan.

« Avitchi est une condition de la plus idéale perversité spirituelle, quelque chose approchant de l'état de Lucifer, si superbement décrit par Milton. Il y en a fort peu qui l'atteignent, ainsi qu'un peu de réflexion le suggérera au lecteur. Mais, allèguera-t-on, puisque Dévakhan est la récompense de presque tous, — les bons, les mauvais et les indifférents, — la nature est frustée dans

ses fins d'harmonie et d'équilibre ; la loi de rétribution, de justice implacable et impartiale est
foulée aux pieds, par cette rareté relative, sinon
par l'absence totale de contrepartie. Il n'en est
rien, ainsi que le démontrera notre réponse. « Le
Mal est le fils obscur de la Terre (la matière) et
le Bien, la gracieuse fille du Ciel (ou l'esprit) »,
dit le philosophe chinois : donc, la terre est le
lieu de punition de la plus grande partie de nos
fautes, puisqu'elle est leur lieu d'origine et leur
terrain d'action. Il y a plus de mal relatif et apparent que de mal véritable sur la terre, et il n'est
pas donné tous les jours, ni à tous les hommes,
d'atteindre la grandeur fatale et l'éminence d'un
« Satan ».

La renaissance à la vie physique est généralement l'événement qu'attend patiemment le Karma
du mal ; il fait alors irrésistiblement valoir ses
droits ; non pas que le Karma du bien s'épuise
en Dévakhan, laissant la malheureuse monade
développer une nouvelle conscience sans autres
matériaux que les mauvais penchants de sa dernière personnalité. La naissance nouvelle sera le
produit du mérite aussi bien que du démérite de
la vie antérieure ; mais le Dévakhan est un songe
doré, une nuit paisible, bercée de rêves plus réels
que le jour, et se prolongeant pendant plusieurs
siècles.

Nous voyons, par ce qui précède, que l'état de
Dévakhan n'est que l'une des conditions d'exis-

tence qui constituent le complément spirituel ou relativement spirituel de notre vie terrestre. Les phénomènes spirites n'auraient pas causé tant de perplexité aux observateurs, s'il n'y avait pas d'autre condition que celle de Dévakhan à considérer. Car, une fois en Dévakhan, l'esprit qui est entièrement absorbé par ses sensations et pratiquement inconscient de ce qui se passe sur la terre qu'il vient de quitter, a peu d'occasions de communiquer avec les amis qui y vivent encore. Ces amis, qu'ils aient quitté la terre ou non, seront toujours et de toutes façons avec l'esprit bienheureux, et tout aussi heureux et innocents que le rêveur désincarné lui-même, si le lien d'affection qui les unissait a été suffisamment puissant. Il est pourtant *possible* pour des personnes encore vivantes d'avoir des visions du Dévakhan ; mais ces visions sont fort rares, et elles ne sont vues que d'un côté, car les entités que le clairvoyant terrestre perçoit en Dévakhan n'ont aucunement conscience d'être l'objet d'une telle observation. L'esprit du clairvoyant s'élève, pendant ces rares moments de vision, jusqu'à la condition de Dévakhan, et devient ainsi sujet aux brillantes illusions de cette existence. Il est sous l'impression que les esprits avec lesquels il est en relation dévakhanique sont venus le visiter sur terre, tandis que c'est le contraire qui a lieu. L'esprit du clairvoyant s'est élevé vers ceux qui sont en Dévakhan. Ainsi, beaucoup de communications spirites subjectives sont réelles, surtout lorsque les sensitifs sont purs d'esprit, bien qu'il soit fort difficile pour le médium non initié de se rendre un compte exact de ce qu'il voit et entend. Quelques-uns des phénomènes désignés sous le nom de psychographie sont également réels, bien que plus rarement. L'esprit du sensitif est, pour ainsi dire, odylisé (magnétisé) par l'aura de l'esprit en Dévakhan, et *devient* pendant quelques instants la personnalité défunte elle-même; il reproduit alors son écriture, ses pensées, son langage, absolument comme elle pensait et parlait dans sa vie terrestre. Les deux esprits se confondent en un seul, et la prépondérance de l'un sur l'autre détermine, pendant la durée du phénomène, ses caractères dominants. Nous pouvons donc observer incidemment que ce que l'on nomme communication est, simplement, l'identité de vibration moléculaire entre la partie astrale du médium incarné, et celle de la personnalité désincarnée.

Comme nous l'avons déjà remarqué, et comme le sens commun nous le démontre, il y a une grande variété d'états en Dévakhan, et chaque personnalité y prend la place qu'elle mérite. La conséquence est qu'en le quittant, elle occupe la place qu'elle a méritée dans le monde des causes, notre monde ou un autre, suivant le cas, lorsque arrive l'heure de se réincarner. Ce procédé, joint à la persistance des affinités, dont l'ensemble constitue son Karma, affinités pour le bien et le mal

engendrées dans la vie antérieure, ne donne rien
de moins que la solution du problème qui a toujours semblé si inexplicable, celui des inégalités
de l'existence. Les conditions de notre entrée dans
la vie sont les conséquences de l'usage que nous
avons fait des circonstances antérieures. Ces conditions, quelles qu'elles soient, ne nous empêchent
pas de produire un nouveau Karma, car celui-ci
sera le résultat de l'usage que nous ferons, à notre tour, de cette existence nouvelle. Il ne faut
pas croire non plus que chaque événement qui
nous procure une joie ou une souffrance au cours
d'une vie soit le fruit de l'ancien Karma. Beaucoup
de ces événements sont probablement la conséquence immédiate des actions de la vie auxquelles
ils appartiennent ; ce sont pour ainsi dire des
transactions au comptant avec la nature, qu'elle se
soucie à peine de faire figurer dans ses livres.
Mais en ce qui concerne les grandes inégalités de
la vie, le point de départ des différents êtres humains est une conséquence manifeste de l'ancien
Karma, dont les variétés infinies fournissent une
provision constante de recrues pour les nombreuses variétés des conditions humaines.

Il ne faut pas supposer que le véritable Ego, à
la mort, passe instantanément de la vie terrestre
et de ses complexités, dans la condition dévakhanique. Aussitôt que la dissociation, ou purifica-
tion du cinquième principe en Kama loca s'est
accomplie, par les attractions rivales des quatrième

et sixième principes, le véritable Ego entre dans une période de gestation inconsciente. J'ai déjà dit comment la vie dévakhanique elle-même suit une marche de croissance, de maturité et de déclin. Mais les analogies avec la vie terrestre sont encore plus étroites. Il y a un état spirituel de gestation à l'entrée de la vie spirituelle, de même qu'il y a un état physique similaire et également inconscient, avant l'entrée dans la vie objective. Cette période, en différents cas, peut avoir une durée variable depuis quelques moments jusqu'à une série immense d'années. Quand un homme meurt, son âme, ou cinquième principe, devient inconsciente et perd tout souvenir des choses intérieures aussi bien qu'extérieures. Que son stage en Kama loca doive durer peu d'instants, des heures, des jours, des semaines ou des années, qu'il ait péri de mort naturelle ou violente, qu'il soit mort jeune ou vieux, et que l'Ego ait été bon, mauvais ou indifférent, sa conscience l'abandonne aussi soudainement que la flamme d'une bougie s'éteint lorsqu'on souffle dessus. Lorsque la vie s'est retirée de la dernière cellule du cerveau, ses facultés perceptives s'éteignent pour toujours, et ses pouvoirs spirituels de connaissance et de volonté sont annihilés provisoirement aussi bien que les autres. Son Mayavi-rupa peut être projeté dans l'objectivité, comme dans le cas des apparitions après la mort ; mais à moins qu'une volonté intense et un désir conscient d'apparaître à quelqu'un n'aient traversé le cerveau du mourant, cette apparition sera simplement automatique. Il est évident, d'après ce que nous avons déjà dit, que le réveil de la conscience en Kama loca est un phénomène qui dépend des caractéristiques des principes, inconscients au moment où ils s'échappent. Ce réveil peut devenir assez complet dans certaines circonstances nullement à désirer, ou bien il peut être rendu imperceptible par un passage rapide dans l'état de gestation qui conduit en Dévakhan. Cette période de gestation peut être de très longue durée, proportionnellement à la force vitale spirituelle de l'Ego, et Dévakhan occupe alors le reste de la période entre la mort et la prochaine naissance physique. La période entière a, naturellement, une durée très variable, suivant les personnes, mais on dit qu'il est presque impossible qu'une renaissance ait lieu avant quinze cents ans, tandis que le séjour en Dévakhan, qui récompense un très riche Karma, peut s'étendre sur des périodes de temps énormes.

Annotations.

Les commentaires que j'aurai à présenter sur la doctrine exposée dans le précédent chapitre viendront mieux à propos à la fin du chapitre suivant, en les joignant à ceux que j'aurai à donner au sujet de Kama loca.

CHAPITRE VI

KAMA LOCA

Ce que j'ai déjà dit de la destinée des principes supérieurs après la mort nous aidera à comprendre les conditions dans lesquelles se trouve la partie inférieure des principes, ce qui en reste après que l'Ego proprement dit est entré dans l'état dévakhanique, ou dans cette période de préparation inconsciente, qui correspond à la gestation physique. La sphère dans laquelle ces restes séjournent pendant un certain temps est connue en science occulte sous le nom de Kama loca, la région du désir ; non pas que le désir s'y développe à un degré anormal d'intensité, comparativement à ce qu'il est dans la vie terrestre, mais parce que c'est la sphère où la sensation de désir, qui fait partie de la vie terrestre, est capable de survie.

Il est évident, d'après ce que nous savons déjà de Dévakhan, que les souvenirs que l'Ego humain a accumulés durant sa vie, sont, en grande partie, incompatibles avec l'existence pure et subjective dans laquelle passe le véritable Ego spirituel, seul durable ; mais il ne s'ensuit pas nécessairement qu'ils soient anéantis ou privés de toute survie. Ils demeurent inhérents à certaines molécules des principes plus élevés (mais non pas *les plus élevés*) qui abandonnent le corps à la mort ; et, de même que la dissolution sépare du corps ce que l'on nomme vaguement l'âme, elle provoque une nouvelle séparation entre les éléments constitutifs de celle-ci. Tout ce qui dans le cinquième principe, l'âme humaine, peut s'incorporer au sixième, l'âme spirituelle, ou qui tend à s'élever jusqu'à elle, passe en même temps que le germe de cette âme divine dans la région supérieure, dans la condition dévakhanique, où elle s'affranchit presque complètement des attractions terrestres ; on pourrait même dire qu'elle s'en affranchit totalement en ce qui concerne sa marche spirituelle, bien qu'elle conserve quelques affinités avec les aspirations spirituelles terrestres et puisse parfois les attirer jusqu'à elle. Mais l'âme animale, le quatrième principe, l'élément de la volonté et du désir, appartenant à l'existence objective, ne subit pas d'attraction supérieure, et ne quitte pas plus la terre que les molécules du corps enfermées dans la tombe. Toutefois ce n'est pas dans la tombe qu'on peut en finir avec ce quatrième principe. Il n'est spirituel ni en nature, ni en ses affinités ; il n'appartient pas cependant par sa nature au monde physique ; ce n'est que par ses affinités qu'il s'y rattache. Il reste sous l'influence actuelle de l'attraction locale, physique, de la terre — dans l'atmosphère terrestre — en un mot, en Kama loca, puisqu'il ne saurait être question ici des gaz de l'atmosphère.

Pour la majorité du genre humain, malheureusement, une forte proportion de l'être, bien que cette proportion soit relativement très variable, reste fatalement avec le quatrième principe. Nombre d'attributs communs dus à la complexité des être humains, nombre de sensations ardentes, de désirs et d'actes, des flots de souvenirs, sans relever d'une vie aussi ardente que les aspirations d'ordre supérieur, font cependant partie essentielle de la vie physique, et mettent un certain temps à mourir. Ils restent associés au quatrième principe, qui est de nature terrestre et périssable ; par conséquent, ils se dispersent et s'effacent; ils sont absorbés par les principes universels auxquels ils appartiennent, de même que le corps est finalement absorbé par la terre, après un temps plus ou moins long, selon la résistance de ses molécules. Où reste, pendant ce temps, la conscience de l'individu qui est mort ou s'est dissocié? Assurément en Dévakhan ; mais ici surgit une énigme pour l'esprit non versé dans la science occulte, du fait qu'un semblant de conscience subsiste dans la portion astrale, dans ce quatrième principe allié à une partie du cinquième, qui persiste en

Kama loca. La conscience individuelle, dira-t-on, ne peut pas être dans deux endroits à la fois. Cela est cependant possible jusqu'à un certain point. Comme nous le verrons bientôt, c'est une erreur de dire que la conscience, telle que nous en avons le sentiment dans la vie, se rattache à la coque astrale ou au résidu ; toutefois on peut évoquer dans cette coque une certaine manifestation factice de conscience, sans aucun rapport avec la véritable conscience qui continue à croître en force et vitalité dans la sphère spirituelle. La coque n'a pas le pouvoir de concevoir ou de s'assimiler de nouvelles idées, pas plus que de s'inspirer de ces idées pour les mettre en action, mais il survit en elle l'impulsion de volonté imprimée pendant la vie. Le quatrième principe, tout en étant le véhicule de la volonté, n'est pas la volonté elle-même; mais les impulsions que les principes supérieurs lui ont transmises pendant la vie, peuvent suivre leurs cours, et, pour des observateurs superficiels, produire des résultats qu'il serait difficile de distinguer de ceux qu'on observerait, si les quatre principes supérieurs étaient réunis, comme pendant l'incarnation.

Pendant la vie, le quatrième principe est le véhicule de cette conscience essentiellement mortelle, qui ne peut s'adapter aux conditions d'une existence durable ; mais, même cette conscience des principes inférieurs pendant l'incarnation est une chose bien différente de la conscience vaporeuse, transitoire et incertaine, qui persiste en eux, lorsque, laissés à leurs propres forces, ils ont été abandonnés par ce qui *est* la vie réelle, c'est-à-dire par l'esprit qui les couvrait de son ombre et infusait en eux la vitalité. Le langage ne peut pas rendre intelligibles, en une seule fois, toutes les faces d'une idée, pas plus qu'un dessin ne nous dévoile tous les côtés d'un solide. A première vue, les dessins d'un même objet, pris à des angles différents, nous paraissent si dissemblables qu'il est presque impossible d'en reconnaître l'unité ; néanmoins, lorsqu'on les réunit dans la pensée, leurs dissemblances s'harmonisent. Il en est de même de ces attributs subtils des principes invisibles de l'homme : aucune étude ne peut faire plus que de traiter séparément leurs divers aspects. Les points de vue que nous suggérons doivent se confondre dans l'esprit du lecteur, avant qu'une conception complète soit conforme aux réalités de la Nature.

Pendant l'incarnation, le quatrième principe est le siège de la volonté et du désir, mais il n'est pas la volonté elle-même. Il faut qu'il soit vivifié par son union avec l'esprit qui plane sur lui, avec la *Vie unique,* pour devenir ainsi l'agent de la suprême fonction vitale, la sublime puissance de la volonté. Nous avons déjà dit que les noms sanscrits des principes supérieurs corroborent l'idée qu'ils sont les véhicules de la *Vie unique.* Non pas qu'il faille considérer celle-ci comme un principe

moléculaire séparable ; c'est l'unité de l'ensemble,
— l'influence de l'esprit ; c'est en réalité une notion trop abstraite pour être exprimée par le langage, et même pour être comprise par l'intelligence : cependant, dans le cas actuel, elle est assez
manifeste. Quelle que soit la nature du principe
volontaire, le quatrième, pendant la vie, il est
incapable d'agir volontairement après la mort.
Néanmoins, dans certaines conditions anormales,
il peut recouvrer une vie temporaire et partielle ;
et ceci nous fournit l'explication, non pas de tous
les phénomènes de médiumnité spirite, mais d'un
grand nombre d'entre eux. « L'Elémentaire »,
ainsi que la coque astrale a été nommée, au début,
dans les livres occultes, peut être galvanisé temporairement par le courant médianimique, jusqu'à
posséder une conscience comparable à la première sensation qu'éprouverait une personne
transportée dans une chambre inconnue, en état
d'insensibilité, à la suite d'une maladie, et qui se
réveillerait faible et toute dépaysée, regardant con-
fusément autour d'elle, ressentant des impressions,
entendant ce qu'on lui dit et répondant vaguement. Un pareil état de conscience ne possède
aucune notion de passé ou d'avenir. C'est une
conscience automatique, dérivée du médium. Rappelons-nous que le médium est une personne dont
les principes sont reliés entre eux par un lien un
peu lâche ; ces principes peuvent être empruntés
par d'autres êtres, ou par des principes flottants,

pour lesquels ils ont une attraction totale ou partielle.

Qu'arrive-t-il dans le cas d'une coque attirée dans le voisinage d'une personne ainsi constituée ? Supposez que la personne dont la coque a été abandonnée, soit morte avec un violent désir non satisfait, non pas nécessairement de nature impure, mais se rattachant entièrement à la vie terrestre, comme, par exemple, le désir de communiquer quelque information à une personne vivante. L'âme en Kama loca n'erre pas constamment avec l'intention persistante, consciente et intelligente de cette communication ; mais cette impulsion volontaire a été transmise entre autres à son quatrième principe, et, tant que les molécules de celui-ci restent agrégées, ce qui peut durer bien des années, il suffit qu'une galvanisation partielle les rappelle à la vie, pour qu'elles opèrent de nouveau dans la direction de l'impulsion initiale. Cette enveloppe entre en contact avec un médium, assez semblable à la personne morte pour rendre le *rapport* possible, et une portion du cinquième principe du médium s'associe au quatrième principe errant, mettant ainsi l'impulsion initiale en action. Le quatrième principe emprunte au médium la conscience et l'intelligence nécessaires pour utiliser les moyens de communication à sa portée, une ardoise, un crayon ou une table pour y produire des « coups » et alors sera délivré le message que le défunt avait, pour ainsi dire, imprimé sur son quatrième principe, et que la coque n'avait pas encore pu transmettre. On objectera peut-être que l'écriture sur une ardoise fermée, les coups frappés sur une table sans l'usage des doigts ou d'un bâton, sont déjà par eux-mêmes des faits merveilleux, et dénotent de la part de l'esprit qui communique une connaissance de forces naturelles dont nous n'avons aucune idée dans la vie physique. Mais l'enveloppe elle-même est dans le monde astral, dans le domaine même de ces forces. Les manifestations phénoménales sont sa manière naturelle d'agir. Elle est aussi inconsciente de produire un résultat merveilleux en faisant usage de pouvoirs nouveaux acquis dans une sphère d'existence supérieure, que nous-mêmes sommes inconscients des forces qui transmettent, pendant notre vie, l'impulsion volontaire aux nerfs et aux muscles.

Mais, objectera-t-on, « l'intelligence qui communique » dans une séance spirite exécute constamment des prouesses remarquables, pour son propre plaisir, pour prouver simplement le pouvoir qu'elle possède sur la nature. Le lecteur voudra bien se souvenir que la science occulte ne dit pas que tous les phénomènes spirites sont dus à une seule classe d'agents. Jusqu'à présent, dans cet exposé, nous n'avons dit que fort peu de chose des « élémentals », ces créatures semi-intelligentes de la lumière astrale, qui appartiennent à un règne de la nature complètement différent du nôtre. Nous ne pouvons nous étendre ici sur leurs attributs, par la simple et bonne raison que la connaissance approfondie des élémentals et de leur façon d'opérer a été scrupuleusement réservée par les adeptes de l'occultisme. Initier les profanes à ces connaissances serait les investir d'un pouvoir redoutable, et tout le grand mystère dont s'enveloppe la science occulte est motivé par le danger qu'il y aurait à confier des pouvoirs à des personnes qui, n'ayant pas passé préalablement par l'entraînement des initiés, ne peuvent fournir des garanties suffisantes d'intégrité morale. C'est par le pouvoir sur les élémentals que sont exécutés la plupart des exploits physiques des adeptes ; c'est aussi par les actes spontanés d'espièglerie des élémentals que s'accomplissent les plus grands phénomènes des séances spirites. Tous les fakirs et yoguis inférieurs de l'Inde arrivent à produire de la même façon des résultats incroyables. Ils sont parvenus à connaître des fragments de science occulte, ils possèdent des bribes d'enseignements héréditaires. Ils ne comprennent pas nécessairement les forces qu'ils mettent en action, pas plus que le serviteur indien employé dans un bureau télégraphique, et qui a appris à mélanger les liquides pour les batteries galvaniques, ne comprend la théorie de la science électrique. Il peut exécuter l'unique tour qui lui a été enseigné, et le fakir fait de même. Il a acquis une influence sur certains élémentals, et accomplit ainsi certains phénomènes qu'on pourrait croire miraculeux.

Pour en revenir aux coques ex-humaines, en Kama loca, on pourrait objecter que leur conduite aux séances spirites ne s'explique pas par la théorie qu'elles auraient reçu de leur ancien maître l'ordre de délivrer un message et qu'elles se servent, dans ce but, des affinités du médium : en dehors des phénomènes que nous pouvons complètement écarter comme étant des jeux d'élémentals, on rencontre parfois une continuité de pensée de la part de la coque ou Elémentaire, dénotant quelque chose de plus qu'une simple survie des impulsions de la vie antérieure. D'accord ; mais aussitôt que des portions du cinquième principe du médium s'introduisent dans un quatrième principe errant, celui-ci redevient un instrument dans les mains d'un maître. Quand un médium tombe en trance au point que les énergies de son cinquième principe sont, en grande partie, transférées à la coque errante, il en résulte pour le moment un renouvellement assez sensible de la vie dans la coque. Mais, après tout, quelle est la nature d'une pareille conscience? Ce n'est, en vérité, rien de plus qu'une lumière réfléchie. La mémoire et les facultés perceptives sont deux choses bien distinctes. Un fou aura un souvenir très clair de certaines parties de sa vie passée ; et cependant il ne peut rien concevoir sous son jour véritable, car les parties élevées de son Manas, son cinquième principe, et Bouddhi, son sixième, sont paralysées et l'ont abandonné. Si un animal, un chien, par exemple, pouvait parler, il nous prouverait que sa mémoire, relativement à sa personnalité canine, est aussi fraîche que celle de son maître ; pourtant nous n'admettrons pas que sa mémoire et son instinct soient des facultés perceptives.

Du moment qu'une coque entre dans l'aura d'un médium, elle se rend assez bien compte de tout ce qu'elle perçoit, au moyen des principes qu'elle lui emprunte et des organes en sympathie magnétique avec ceux-ci ; mais cette faculté s'arrête à la limite des facultés perceptives du médium, ou de celles d'une autre personne de l'entourage. De là ses réponses souvent fort rationnelles et parfois même très sagaces : de là aussi sa complète ignorance de tout ce qui n'est pas connu du médium, ou qui n'aurait pas subsisté des souvenirs latents de sa propre personnalité passée, ranimés par les influences qui la dominent. La coque d'un homme éminemment intelligent et instruit, mais dénué de toute spiritualité et mort d'une mort naturelle, se conservera plus longtemps que celle d'un tempérament faible ; et, l'ombre de sa propre mémoire aidant, elle est capable de tenir des propos très raisonnables par l'entremise d'un médium. Ces discours toutefois ne porteront que sur les sujets qui avaient captivé sa pensée pendant sa vie, et jamais on n'en tirera une parole dénotant un véritable accroissement de connaissances.

On comprendra facilement qu'une coque attirée dans le courant médianimique, entrant en état de *rapport* avec le cinquième principe du médium, n'est pas infailliblement animée par une conscience identique, quel que soit le degré de valeur de cette conscience, avec la personnalité du mort que ses principes supérieurs ont abandonné. Elle peut tout aussi bien refléter une personnalité quelconque, empruntée aux suggestions que lui fournit la pensée du médium. Elle s'identifiera probablement pendant un moment avec cette personnalité, répondant selon sa pensée ; puis, un autre courant d'idées passant dans le cerveau des personnes présentes, trouvera un écho dans les impressions fugitives de l'Elémentaire, et son sentiment d'identité commencera à hésiter : il se trouble, flotte de conjecture en conjecture et finit par s'éteindre momentanément. La coque retombe dans le sommeil de la lumière astrale et peut être transportée inconsciemment, dans l'espace de quelques secondes, à l'autre bout du monde.

Outre les enveloppes ordinaires ou Elémentaires que nous venons de décrire, il existe en Kama loca une autre classe d'entités astrales dont il faut tenir compte si nous voulons comprendre les diverses conditions par lesquelles les créatures humaines passent de cette vie à d'autres. Jusqu'ici nous n'avons étudié que le cours normal des événements, c'est-à-dire les cas de mort naturelle. Mais une mort anormale entraîne des conséquences également anormales. Ainsi, pour les suicidés et pour les personnes tuées par accident, les conséquences diffèrent de beaucoup de celles d'une mort naturelle. Un examen attentif nous convaincra que, dans un monde régi par des lois et où les affinités agissent avec cette régularité qu'affectionne la sagesse de la nature, le cas d'une personne mourant subitement, alors que ses principes sont encore fermement réunis et capables de subsister ainsi pendant vingt, quarante ou soixante ans, suivant le temps qui lui restait à vivre, doit nécessairement avoir d'autres conséquences que le trépas d'une personne dont les principes se dissocient sans effort et suivent chacun son cours normal, selon les procédés naturels du dépérissement et de l'arrêt final des rouages de la vie. La nature, toujours féconde en analogies, nous fournit un exemple frappant dans le fruit mûr et le fruit vert. Le noyau du fruit mûr se détache aussi facilement qu'on retire la main d'un gant ; tandis que celui du fruit vert ne s'arrache que difficilement, emportant avec lui une partie de la pulpe. Dans le cas d'un accident mortel ou d'un suicide, le noyau doit être arraché du fruit vert. Il n'est pas question ici du blâme moral qui s'attache au suicide. Probablement, dans la plupart des cas, ce blâme atteindra l'individu ; mais ceci est l'affaire du Karma qui accompagnera la personne dans sa prochaine incarnation, comme tout autre Karma, et n'a rien à voir avec la difficulté immédiate qu'éprouve cette personne à mourir complètement. Cette difficulté est manifestement la même si une personne se suicide, si elle meurt en accomplissant un devoir héroïque, ou si elle est tuée dans un accident dont elle est absolument irresponsable.

En règle générale, lorsqu'une personne meurt, l'énorme compte de son Karma est arrêté ; c'est-à-dire que la série complexe des affinités accumulées pendant sa vie dans le premier principe durable, le cinquième, n'est plus en état de s'accroître. Le bilan, pour ainsi dire, sera dressé plus tard lorsque viendra le moment de sa naissance dans la prochaine vie objective ; en d'autres termes, les affinités longtemps endormies en Déva-khan, par suite de l'impossibilité d'y entrer en activité, feront valoir leurs droits dès qu'elles reviendront en contact avec l'existence physique. Mais, dans le cas d'une mort prématurée, le cinquième principe, dans lequel s'engendrent ces affinités, ne peut pas s'affranchir du principe terrestre, le quatrième. Le résultat est que l'Elémentaire qui se trouve en Kama loca, à la suite de l'expulsion violente de son corps, n'est pas seulement une simple coque, — c'est la personne elle-même, vivante il y a quelques instants, à laquelle il ne manque que le corps. — Au vrai sens du mot, elle n'est pas morte du tout.

Les Elémentaires de cette espèce peuvent communiquer très efficacement aux séances spirites, bien qu'à leur grand préjudice ; car, malheureusement pour eux, vu leur constitution astrale complète, ils continuent à engendrer du Karma, dans leur désir d'étancher leur soif de vie à la source malsaine de la médiumnité. Si leur vie a été très matérielle et sensuelle, les jouissances qu'ils chercheront à se procurer seront beaucoup plus préjudiciables à leur Karma, justement à cause de leur état désincarné, que ne l'auraient été les mêmes appétits pendant la vie terrestre. L'adage est vrai pour eux : *facilis est descensus*. Brusquement enlevés aux scènes familières en plein épanouissement des passions terrestres, ils sont tentés par les occasions de les satisfaire par procuration que leur fournissent les médiums. Ils deviennent les *incubi* et les *succubi* des écrits du moyen âge ; des démons de désir et de luxure, poussant leurs victimes au crime. J'ai écrit sur ce sujet, l'année dernière, un court essai auquel je viens d'emprunter quelques phrases, et qui a paru dans le *Theosophist*, accompagné de cette annotation, dont je crois pouvoir garantir l'authenticité :

« La variété des états après la mort est, si possible, plus grande encore que celle des vies humaines sur terre. Les victimes d'accidents ne deviennent généralement pas des revenants; ceux-là seuls sont entrainés par le courant d'attraction, qui meurent sous l'empire d'une passion terrestre obsédante ; les égoïstes, qui n'ont jamais donné une pensée au bien-être des autres. Surprises par la mort pendant l'assouvissement réel ou imaginaire de la passion maîtresse de leur vie, avec des désirs que leur réalisation même n'a pas satisfaits, et qui cherchent à se satisfaire encore, ces personnalités n'arrivent pas à s'affranchir de l'attraction terrestre, pour attendre l'heure de la délivrance dans une heureuse inconscience et un complet oubli. Parmi les morts volontaires, ceux qui poussent leurs victimes à commettre des crimes, comme nous l'avons dit ci-dessus, sont ceux qui se sont suicidés à la suite d'un crime commis par eux mêmes pour échapper tant à la punition de la loi humaine, qu'à leur propre remords. La loi naturelle ne saurait être transgressée impunément; l'inexorable rapport de cause à effet a le champ libre surtout dans le monde des effets, en Kama loca ; chaque cas y est puni suivant son mérite, de mille manières différentes, et il nous faudrait des volumes pour les décrire, même sommairement. »

Ceux qui « attendent l'heure de la délivrance dans une heureuse inconscience et un complet oubli » sont naturellement les victimes d'accidents qui ont engendré sur terre des affinités pures et élevées ; ceux-là sont aussi incapables d'être attirés par le courant médianimique, après la mort, qu'ils étaient inaccessibles, pendant leur vie, aux vulgaires tentations du crime.

Il nous reste encore à considérer des entités d'une espèce différente qu'on rencontre parfois en Kama loca. Nous avons suivi les principes supérieurs de personnes récemment décédées, nous avons observé la séparation entre leur partie spirituelle durable et leur résidu astral ; la première peut aussi bien être sainte que satanique, et trouve sa place en conséquence soit en Dévakhan, soit en Avitchi. Nous avons également étudié la nature de la coque élémentaire abandonnée, conservant pendant un certain laps de temps une ressemblance illusoire avec la véritable entité ; nous nous sommes aussi arrêtés aux cas exceptionnels d'êtres qui possèdent vraiment leurs quatre principes en Kama loca, victimes d'accidents ou de suicides. Mais que devient une personnalité qui ne possède pas un seul atome de spiritualité, dont le cinquième principe n'a pas trace d'affinité spirituelle, bonne ou mauvaise? Il est évident que dans ce cas, le sixième principe ne peut rien attirer à lui ; en d'autres termes, cette personnalité a déjà perdu son sixième principe au moment de la mort. Ni Kama loca, ni le monde subjectif, ne peuvent être des sphères d'existence pour une pareille personnalité ; Kama loca est le séjour permanent d'êtres astraux, d'élémentals ; mais il n'est que l'antichambre d'un autre état pour les êtres humains. Dans le cas que nous supposons, la personnalité qui survit est promptement attirée par le courant de sa destinée future, qui n'a rien à faire avec l'atmosphère terrestre ou avec Dévakhan, mais bien avec la « huitième sphère » mentionnée quelquefois dans les anciens livres occultes. Sans doute le lecteur ordinaire n'aura pas compris pourquoi on la nommait « huitième sphère »; mais l'explication, donnée dès le début, de la constitution septénaire de notre système planétaire, en rend la raison assez claire. Les sphères du processus d'évolution cyclique sont au nombre de sept ; mais il en existe une huitième rattachée à notre terre, qui est, comme nous le savons, le point tournant de la chaîne cyclique, cette huitième sphère est en dehors du circuit, en impasse, et constitue un séjour dont on peut dire que nul voyageur ne revient.

On devinera facilement que la seule sphère, reliée à notre chaîne, et qui nous soit inférieure dans notre échelle des mondes ayant son sommet dans l'esprit et les pieds dans la matière, ne doit pas être moins visible à nos yeux et à nos instruments optiques que la terre elle-même; et comme le but que cette sphère doit servir est en rapport immédiat avec notre terre, il ne peut plus y avoir grand mystère au sujet de cette huitième sphère, non plus que de l'endroit de la voûte céleste où nous devons la chercher. Néanmoins, les adeptes observent, envers les élèves non initiés, une grande réserve au sujet de ses conditions d'existence, de sorte que je ne puis en dire plus pour le moment.

Un point est cependant établi : c'est que la complète déchéance nécessaire pour entraîner une personnalité dans l'attraction de la huitième sphère est extrêmement rare. Dans la grande majorité des vies, il reste toujours quelque chose que les principes supérieurs peuvent attirer jusqu'à eux, et qui puisse racheter de la destruction totale l'existence qui vient de s'écouler ; c'est le moment de rappeler qu'en Dévakhan le souvenir de la vie, tout réel qu'il soit dans une certaine mesure, ne se rattache qu'aux événements capables de donner lieu à une jouissance élevée, la seule compatible avec le Dévakhan. Ceci n'empêche pas qu'à un moment donné un souvenir complet de cette vie sera possible, encore qu'il ait été pour ainsi dire, écrémé comme nous venons de l'indiquer ; mais ce souvenir complet, l'individu ne l'aura qu'au seuil d'un état spirituel bien plus avancé que celui qui nous occupe actuellement : cet état n'est atteint que bien plus tard, dans la série des longs cycles d'évolution. Chacune des longues séries de vie que nous aurons traversées nous paraîtra alors comme le feuillet d'un livre que nous pourrons consulter à loisir ; et, sans doute, la lecture de beaucoup de ces pages nous semblera d'un trop piètre intérêt pour que nous y revenions souvent. C'est à ce réveil éventuel des souvenirs associés aux longues séries de personnalités oubliées, que se rapporte en réalité la doctrine de la Résurrection. Le temps nous manque pour expliquer les

énigmes symboliques se rattachant à l'enseignement que nous présentons aujourd'hui au lecteur;
ce sujet sera peut-être entrepris ultérieurement ;
revenons à notre description des faits. Parmi tous
les feuillets du livre, lorsque viendra la « résurrection » finale, il n'y en aura pas de complètement
infâmes; car, même si une individualité spirituelle
a été parfois associée, durant son séjour en ce
monde, à des personnalités déplorablement et dé-
sespérément déchues, au point d'avoir été complètement entraînées dans l'attraction du courant
inférieur, cette individualité n'en conservera aucune trace dans ses affinités. Ces feuillets sont,
pour ainsi dire, arrachés du livre. Quant à l'entité
spirituelle, après la fin de la lutte, après avoir traversé le Kama loca, puis l'état inconscient de gestation, au lieu d'entrer de là en Dévakhan, elle
renaît directement (mais non pas immédiatement)
à une nouvelle vie d'activité objective ; toute la
conscience se rattachant à cette existence a passé
dans le monde inférieur, pour y subir la « mort
éternelle »; cette expression, comme beaucoup
d'autres, a été complètement dénaturée par la
Théologie moderne, qui a trouvé moyen de con-
vertir en pur non-sens des faits appartenant à une
psychologie scientifique.

Annotations.

J'estime qu'aucune des parties du présent volume n'a autant besoin de commentaires que les deux chapitres précédents. Nos maîtres ont laissé planer provisoirement une certaine obscurité sur les états d'existence en Kama loca, ainsi que sur les régions supérieures de Dévakhan, dont ces états sont pour ainsi dire l'antichambre ; et je crois qu'ils l'ont fait à dessein, afin que l'on pût mieux comprendre l'ensemble du processus d'évolution. L'état d'existence désincarnée qui suit immédiatement notre vie physique actuelle, est un département de la nature, dont l'étude exerce un attrait presque malsain sur tous ceux qui constatent qu'il est possible de prendre contact avec lui, même pendant cette vie, par différents procédés expérimentaux. Nous pouvons déjà, jusqu'à un certain point, discerner les phénomènes de l'état d'existence où la créature humaine passe après la mort du corps. Les expériences spirites nous ont fourni des faits nombreux. Ces faits ne suggèrent que trop facilement des théories et des déductions qui semblent atteindre aux extrêmes limites de la spéculation ; et il ne faut rien moins que la vigoureuse discipline mentale de l'étude ésotérique, au sens le plus large du mot, pour garantir un esprit qui s'en occupe des conclusions dont elle prouve fatalement l'erreur. C'est pourquoi les chercheurs théosophes n'ont pas à regretter, au point de vue de leurs progrès en science spirituelle, les circonstances qui les ont induits, jusqu'ici, à laisser un peu de côté les problèmes de l'existence succédant immédiatement à la nôtre. Nous ne saurions exagérer les avantages intellectuels que nous recueillerons en étudiant les grandes lignes du plan de la nature à travers les immenses domaines de l'avenir où la clairvoyance parfaite de l'adepte peut seule pénétrer, avant d'entrer dans les détails de ce premier plan spirituel, accessible en partie à des esprits d'une puissance moindre, mais susceptible de donner à première vue l'illusion qu'il constitue l'avenir tout entier.

Nous pouvons cependant, dès maintenant, donner des processus primitifs par lesquels l'âme passe après la mort, une description plus complète que celle du chapitre précédent. La nature de la lutte qui a lieu, dans le Kama loca, entre les éléments supérieur et inférieur de la dualité humaine sera, je crois, maintenant mieux comprise qu'auparavant. Cette lutte apparaît longue et accidentée, et constitue, — non pas comme quelques-uns d'entre nous le supposaient d'abord, une prétention automatique ou inconsciente d'affinités ou de forces toutes prêtes à déterminer dès le moment de la mort l'avenir de la monade spirituelle, — mais bien une phase d'existence capable de continuer

pendant des séries considérables d'années ; et c'est
sans doute ce qui a lieu dans la majeure partie
des cas. Or, tant que dure cette phase d'existence,
il est fort possible que des entités humaines désincarnées se manifestent à des êtres vivants au moyen
de la médiumnité spirite, au point d'expliquer en
partie, sinon de justifier complètement, les notions
que les spirites font dériver de ces communications.

Ne nous hâtons pas toutefois d'en conclure que
l'âme humaine qui traverse la lutte ou l'évolution
de Kama loca soit, sous tous les rapports, ce qu'à
première vue, suivant cette idée, elle nous paraît
être. Gardons-nous avant tout de matérialiser par
trop cette conception de lutte, en l'assimilant à une
dissociation mécanique des principes. Il se produit
certainement une séparation mécanique dans le
rejet des principes inférieurs, lorsque la conscience
de l'Ego est fermement concentrée dans les principes supérieurs. Ainsi l'âme se scinde mécaniquement du corps au moment de la mort, et les clairvoyants d'ordre élevé peuvent effectivement voir,
peut-être à cause de son union avec des principes
intermédiaires, cette âme quitter le logis dont elle
n'a plus que faire. Un processus semblable a probablement lieu plus tard en Kama loca même, en
ce qui concerne la matière des principes appartenant à l'astral. Mais, laissant de côté, pour le moment, cette considération, il faut éviter de croire

que la lutte en Kama loca constitue elle-même la séparation définitive des principes, ou, autrement dit, la seconde mort sur le plan astral.

Cette lutte en Kama loca est réellement la vie de l'entité pendant cette phase d'existence. Ainsi que nous l'avions déclaré dans le chapitre précédent, l'évolution qui se poursuit dans cette période d'existence n'a rien à faire avec le choix responsable entre le bien et le mal qui est possible pendant la vie physique. Kama loca fait partie du grand monde des effets, — ce n'est pas la sphère où s'engendrent les causes, sauf dans des circonstances particulières. — L'entité en Kama loca n'est donc pas vraiment maîtresse de ses actions ; elle est plutôt le jouet de ses affinités préétablies. Mais celles-ci continuent à s'affirmer ou à se dissiper *peu à peu,* et l'entité conserve tout le temps une conscience très vivante de l'un ou de l'autre de ces états. Un instant de réflexion nous montre, dès lors, que les affinités, qui croissent en force et s'affirment, se rattachent aux élans spirituels de la dernière existence ; tandis que celles qui se dissipent se rapportent à ses penchants, à ses émotions et à ses inclinations matériels. N'oublions pas que l'entité, en Kama loca, étant en route vers le Dévakhan, passe graduellement de son état de conscience actuel dans celui de Dévakhan ; ce processus de croissance s'accomplit par action et réaction, par flux et reflux, comme d'ailleurs presque tous les autres, dans la nature, par une sorte d'oscillation entre les attractions contradictoires de la matière et de l'esprit. De cette manière l'Ego s'achemine , pour ainsi dire, vers le ciel ou rétrograde vers la terre, pendant toute son existence en Kama loca, et c'est justement cette tendance à osciller entre ces deux pôles de pensée ou de conscience, qui le ramène, à l'occasion, dans la sphère de la vie qu'il vient de quitter. Ce n'est pas instantanément que se dissipe l'ardente sympathie qui le lie à cette vie, et celle qu'il éprouve pour ses côtés sublimes n'a pas encore commencé à se dissiper. Ainsi, l'affinité terrestre dont nous parlons n'implique nullement l'exercice de ses affections ; celles-ci relèvent surtout de l'existence dévakhanique. Mais il se peut qu'elles aient un aspect terrestre aussi bien que spirituel ; et le fait qu'elles se montrent avec les circonstances et les scènes de la vie terrestre, peut fournir une explication de la régression ci-dessus mentionnée de l'entité en Kama loca vers la vie terrestre.

Il en résulte immédiatement que les rapports établis par les pratiques spirites entre l'entité du Kama loca et les amis qu'elle a quittés sur terre, doivent avoir lieu particulièrement pendant les périodes de l'existence de l'âme où les souvenirs terrestres occupent encore son attention ; cette réflexion fait ressortir deux considérations fort importantes :

1" Tant que son attention est ainsi absorbée, elle

est détournée du progrès spirituel auquel elle travaille pendant ses oscillations dans la direction contraire. Elle garde bien un souvenir assez vif de son existence terrestre et en parlera dans ses conversations, mais ses nouvelles expériences spirituelles ne paraissent pas être exprimables en langage intelligible ni demeurer à sa disposition pendant qu'elle est sous l'empire de ses anciens souvenirs. Nous pourrions, très imparfaitement résumer cet état en le comparant à celui d'un émigrant pauvre qui, ayant prospéré dans une nouvelle patrie, s'y instruit, s'y occupe des affaires publiques, de découvertes, de philanthropie, etc. Bien qu'il corresponde avec les amis de son ancienne patrie, il les tiendra difficilement au courant de tout ce qui occupe sa pensée. Cet exemple ne s'apliquerait exactement au cas présent que si nous assujettissions l'émigrant à une loi psychologique qui obscurcirait son intelligence lorsqu'il écrit à ses amis, en le ramenant, pendant ce temps, à son ancien état psychologique. Plus le temps s'écoulerait, moins il serait capable de revenir à ses anciennes préoccupations, car non seulement elles seraient inférieures au niveau actuel de ses activités mentales, mais, jusqu'à un certain point, elles auraient été effacées de sa mémoire. Ses lettres provoqueraient la surprise de ses correspondants ; ils se diraient que sans aucun doute c'est un tel qui écrit, mais que ses facultés ont bien diminué comparativement à ce qu'elles étaient avant son départ.

2° Il faut aussi tenir compte d'une loi physiologique bien connue, suivant laquelle les facultés s'accroissent par l'usage et s'atrophient par le repos, et qui s'applique aussi bien au plan astral qu'au plan physique. L'âme qui prend l'habitude de fixer son attention sur les souvenirs de la vie qu'elle vient de quitter, accentuera et affermira les tendances contraires à ses aspirations supérieures. Plus elle sera encouragée par l'affection de ses amis vivants à faire usage des occasions que la médiumnité lui présente de manifester son existence sur le plan physique, plus seront puissantes les impulsions qui la ramèneront à la vie terrestre, et plus aussi son progrès spirituel sera retardé. C'est surtout à cause de cette dernière considération que les représentants de l'enseignement théosophique ont si énergiquement blâmé tous les efforts faits pour entrer en communication avec les âmes désincarnées, aux séances spirites. Plus ces communications sont réelles, plus elles sont préjudiciables aux habitants de Kama loca qui en sont l'objet. Il est difficile de dire exactement, dans l'état actuel de nos connaissances, jusqu'à quel point cela peut nuire aux entités de Kama loca ; on peut même être tenté de croire que, dans certains cas, la satisfaction intense donnée aux personnes vivantes qui communiquent avec elles peut contrebalancer le mal qui est ainsi fait à l'âme désincarnée. Toutefois, cette satisfaction ne sera intense qu'en proportion de ce que l'ami vivant est incapable de se rendre compte des circonstances dans lesquelles la communication a lieu. Il est vrai qu'au début, immédiatement après le décès, les souvenirs encore complets et vivaces de sa vie terrestre permettront à l'entité en Kama loca de manifester une personnalité assez ressemblante à la personne défunte ; mais, tout de suite, le changement de direction s'affirme dans son évolution. Lorsqu'elle se manifestera sur le plan physique, elle ne révèlera aucune pensée nouvelle. Ses manifestations ne seront ni plus sages ni plus élevées dans l'échelle des valeurs qu'au moment de sa mort ; bien au contraire, elle deviendra de moins en moins intelligente, et, avec le temps, elle paraîtra moins instruite qu'auparavant. Elle ne se rendra pas justice en communiquant avec ses amis d'ici-bas, et cette impuissance deviendra de plus en plus pénible.

Une autre considération vient encore nous faire douter de l'opportunité de satisfaire les désirs de communication avec les amis défunts. Peu nous importe, pourrions-nous dire, le peu d'intérêt que porte à la terre qu'il vient d'abandonner, l'ami qui nous précède ; tant qu'il reste quelque chose de lui pouvant se manifester à nous, nous trouverons un immense plaisir à communiquer même avec ce quelque chose. De plus, si la personne aimée est quelque peu retardée dans son ascension vers le ciel, en communiquant avec nous, elle fera certainement ce sacrifice par amour pour nous. Ce que nous oublions, c'est que sur le plan astral, aussi bien que sur le plan physique, il est très facile de contracter de mauvaises habitudes. Une fois que l'âme en Kama loca a satisfait sa soif de rapports terrestres, par l'entremise de la médiumnité, son désir intense de succomber à cette tentation se répétera continuellement. Nous pouvons faire pis que distraire l'attention de cette âme de sa véritable tâche en l'encourageant à entrer en relations spirites avec nous, nous pouvons lui causer un dommage considérable, un dommage presque irréparable. Je ne dis pas que ce soit toujours ou même généralement le cas ; mais un sévère examen moral de cette question doit nous convaincre des dangereuses possibilités qui pourraient en résulter. D'autre part, il peut se présenter des cas dans lesquels le désir de communication vient du côté opposé, c'est-à-dire que l'âme désincarnée est angoissée d'un désir non satisfait, par exemple celui de remplir un devoir qu'elle a négligé sur terre ; l'accomplissement de ce devoir par ses amis encore vivants aurait alors un effet diamétralement opposé et ne tendrait point à encourager l'entité en Kama loca à reprendre goût à ses intérêts terrestres : au contraire, dans ce cas, ses amis en satisfaisant son désir de communication, lui faciliteront peut-être les étapes de son progrès spirituel. Mais ici encore nous devons nous mettre en garde contre les apparences trompeuses. Le désir manifesté par un habitant de Kama loca peut bien *ne pas être* l'expression de sa pensée présente : il peut être l'écho d'un très ancien désir qui trouve à ce moment un moyen pour s'exprimer. De sorte que, tout en ayant raison d'attacher de l'importance à un désir intelligible qui nous viendrait d'une personne récemment décédée, nous aurions lieu d'être prudents et extrêmement circonspects vis-à-vis d'un désir émanant de l'ombre d'une personne morte depuis longtemps, dont la conduite en tant qu'ombre ne laisserait pas supposer qu'elle a conservé un souvenir bien vivace de sa personnalité passée.

A l'examen, tous ces faits et possibilités du Kama loca expliqueront, je pense, aux Théosophes, beaucoup d'expériences de spiritisme que le premier exposé de la doctrine ésotérique avait laissées dans l'ombre.

Il est clair que pendant que l'âme s'affranchit lentement des affinités qui retardent son développement dévakhanique, le côté qu'elle présente à la terre s'affaiblira de plus en plus ; il y aura donc, inévitablement, en Kama loca, une énorme quantité d'entités presque mûres pour entrer en Dévakhan qui, par cette raison, apparaîtront à un observateur terrestre dans un état avancé de décrépitude. Celles-ci, en ce qui concerne l'activité de leurs principes astrals inférieurs, seront retombées dans la

condition des entités vagues et incompréhensibles
que j'ai dénommées «coques», au cours du chapitre
précédent, suivant les données des anciens écrivains occultistes. Toutefois cette désignation n'est
pas heureuse. J'aurais mieux fait peut-être d'adop-
ter un autre précédent et de les appeler des « ombres », leur condition n'en eût en rien été changée.
Toute la conscience claire, conservée à leur départ
de la terre dans les principes consacrés à la vie
physique, est transférée aux principes supérieurs
qui, eux, ne se manifestent pas aux séances. Le
souvenir de la vie terrestre est presque éteint. Dans
ce cas les principes inférieurs ne sont que réveil-
lés par l'influence des courants médianimiques vers
lesquels ils sont attirés ; ce ne sont alors que des
miroirs astrals, dans lesquels se réfléchissent les
pensées du médium ou celles des personnes présentes à la séance. Supposons que les couleurs d'un
tableau disparaissent peu à peu dans sa substance
même et ressortent, aussi brillantes qu'auparavant, de l'autre côté de la toile ; ce procédé peut
ne pas avoir détruit le tableau, mais la galerie où il
est exposé ne sera plus qu'une triste collection
d'envers décolorés ; voilà à peu près ce que deviennent les entités en Kama loca, avant de rejeter
définitivement la matière sur laquelle leur première conscience astrale opérait, pour passer dans
la condition de pur Dévakhan. Mais ceci n'est pas
tout, et nos doctrines nous fournissent encore

d'autres raisons de nous méfier des communications venant de Kama loca. Nos connaissances actuelles du sujet nous permettent de comprendre que lorsque arrive cette seconde mort qui, sur le plan astral, libère entièrement l'Ego purifié et le conduit en Dévakhan, il reste quelque chose en Kama loca d'analogue au cadavre abandonné ici-bas, lorsque l'âme prend son premier essor après l'existence physique. Un corps astral mort est réellement abandonné en Kama loca, et nous ne nous tromperons certainement pas en donnant le nom de « coque » à ce résidu-là. Dans cet état la vraie coque se dissout bientôt en Kama loca, de même que le corps, abandonné aux procédés ordinaires de la nature, sur terre, se corrompt, et que ses éléments retournent aux grands réservoirs de la matière.

Mais jusqu'à l'achèvement de cette désintégration, l'enveloppe que le véritable Ego a abandonnée est encore capable, *même dans cet état,* de donner l'illusion d'une entité vivante à une séance spirite. Pendant quelque temps, elle demeure un miroir astral dans lequel le médium voit ses propres pensées reflétées, et les expose avec la ferme conviction qu'elles viennent d'une source extérieure. Dans des phénomènes de ce genre, on a affaire à de véritables cadavres astrals galvanisés; ils ne sont pas moins des cadavres parce que, jusqu'à leur complète désintégration, il reste un certain lien subtil entre eux et l'esprit dévakhanique, de même qu'un lien subtil relie, dans les premiers temps, l'entité en Kama loca avec le cadavre abandonné sur la terre. Cette dernière communication est produite par la matière subtile et diffuse du troisième principe originel, *le Linga Sharira,* et l'étude de cette partie du sujet nous amènera, je crois, à une compréhension plus claire des circonstances qui permettent les matérialisations aux séances spirites. Sans nous arrêter maintenant à cette digression, contentons-nous de reconnaître que l'analogie nous aidera à comprendre comment un lien pareil peut subsister temporairement entre une entité dévakhanique et l'enveloppe abandonnée en Kama loca, et agir tout à la fois, tant qu'il dure comme une entrave pour l'esprit supérieur, peut-être aussi comme un regain lumineux de soleil couchant sur la coque. L'ami vivant de cette personne serait profondément navré si, par la clairvoyance ou quelque autre moyen, il entrevoyait cette coque et la prenait pour la véritable entité.

L'aperçu relativement clair que nous possédons maintenant de Kama loca, nous permet d'employer des termes plus précis que nous ne l'avons fait jusqu'ici pour décrire ses phénomènes. Si nous adoptons, par exemple, le nom *d'Ame astrale* pour désigner les entités de Kama loca qui viennent de quitter la terre, ou qui, pour d'autres raisons, conservent dans l'aspect qu'elles présentent à la terre une grande partie des attributs intellectuels qui les distinguaient jadis, les autres termes employés jusqu'ici suffiront à satisfaire toutes nos autres exigences. Nous pourrons même abandonner complètement le terme impropre « d'Elémentaire », qu'il est facile de confondre avec *Elémental*, et qui, en outre, ne convient guère aux êtres qu'il veut représenter. Lorsque l'âme astrale tombe en décrépitude intellectuelle(suivant **notre point** de vue), nous devons l'envisager, il me semble, dans cet état affaibli, comme une « ombre »; et nous devons réserver le terme « coque » aux véritables enveloppes ou corps astrals morts, que l'esprit dévakhanique a définitivement abandonnés.

L'étude de la croissance spirituelle en Kama loca nous conduit naturellement à demander dans quel laps de temps on peut, approximativement, considérer comme complet le transfert de la conscience des principes inférieurs aux principes supérieurs ; la réponse est très variable, comme c'est toujours le cas dès que nous touchons aux chiffres qui ont trait aux procédés supérieurs de la nature. Je crois, cependant, que les Maîtres ésotériques de l'Orient déclarent qu'en ce qui concerne la moyenne humaine, ce qu'on pourrait appeler, au sens spirituel, les classes moyennes de l'humanité, une entité en Kama loca ne pourra guère se manifester comme telle, pendant plus de vingt-cinq à trente ans. Mais les chiffres varient beaucoup en deçà et au delà de cette moyenne.

Une créature humaine dégradée et abêtie séjour-
nera très longtemps en Kama loca, vu l'absence
de principes supérieurs suffisamment développés
pour recevoir sa conscience ; d'un autre côté, une
âme très intellectuelle et mentalement active peut
y rester également longtemps (lorsque les affinités spirituelles de sens inverse font défaut), par
suite de la persistance des forces et des causes
engendrées sur le plan supérieur des effets ; cependant il est assez rare de voir se dissocier l'activité mentale de la spiritualité, sauf dans les cas où
elle était exclusivement liée à l'ambition terrestre.
Par contre, si le séjour en Kama loca se prolonge
quelquefois au delà de la moyenne par suite de
causes diverses, elles se réduisent aussi à un temps
presque infinitésimal, lorsqu'une personne mourant à un âge avancé, après une vie bien remplie,
a atteint un degré de spiritualité élevé.

Il nous faut encore envisager une importante
éventualité à propos des manifestations qui nous
arrivent par les voies ordinaires de communication avec Kama loca, bien que cette éventualité
soit de nature tout à fait exceptionnelle. Les étudiants en Théosophie, au début de leurs études,
ne peuvent pas s'attendre à être bien renseignés
sur les conditions d'existence qui sont le partage
des adeptes, lorsqu'ils renoncent à l'usage de leur
corps terrestre. Les hautes possibilités qui leur
sont ouvertes me semblent hors de la portée de

l'intelligence. Nul homme n'est à même, par la seule puissance de son cerveau, de se faire une idée de Nirvâna ; mais il paraît que parfois les adeptes choisissent un procédé moyen entre la réincarnation et le passage en Nirvâna ou dans les régions supérieures de Dévakhan ; c'est-à-dire qu'ils peuvent attendre, dans l'état *arupa* de Dévakhan, que le lent progrès de l'évolution humaine ait atteint la condition élevée à laquelle ils sont déjà arrivés. Il paraît qu'un adepte, parvenu à cet état d'esprit dévakhanique de l'ordre le plus élevé, ne serait pas empêché, par les conditions de son état dévakhanique, de manifester son influence sur la terre, ce qui est le cas pour un esprit ordinaire ne faisant que passer en Dévakhan pour se réincarner. Cette influence ne se ferait certainement *pas* sentir par des démonstrations physiques à un auditoire quelconque ; mais il n'est pas impossible qu'un médium du type le plus élevé, — ce que nous appellerions un voyant, — puisse être influencé de cette façon. Sans doute, au cours de l'histoire, certains grands hommes se sont trouvé adombrés et consciemment ou inconsciemment inspirés par l'esprit d'un de ces adeptes.

La désintégration des coques, en Kama loca, suggère inévitablement à quiconque cherche à se rendre compte de l'ensemble de cette évolution, que la Nature doit avoir des réservoirs généraux de matière appropriée à cette sphère d'existence, et qui correspondent à la terre physique et aux éléments ambiants auxquels nos corps retournent après la mort. Les sublimes mystères auxquels touche cette hypothèse demanderaient une étude bien plus approfondie que nous n'avons pu fournir jusqu'ici ; mais nous pouvons émettre, d'ores et déjà, une idée générale à ce sujet. Kama loca est un état enveloppé d'ordres de matière qui lui correspondent. Je n'essaierai pas ici d'aborder la métaphysique de ce problème, ce qui nous entraînerait peut-être à écarter la notion que la matière astrale soit nécessairement moins réelle et tangible que celle qui est perçue par nos sens physiques. Il suffit, pour le moment, de dire que le voisinage de Kama loca avec la terre, rendu si évident par les expériences spirites, s'explique suivant l'enseignement oriental de la manière suivante : Kama loca fait aussi bien partie de notre terre que, pendant la vie, l'âme astrale fait partie de l'homme. Le séjour du Kama loca, en fait, tout le grand domaine de matière appropriée qui le constitue, matière perceptible aux sens des entités astrales, ainsi qu'à ceux de beaucoup de clairvoyants, forme le quatrième principe de la terre, de la même manière que le *Kama-rupa* est le quatrième principe de l'homme. Car la terre a ses sept principes tout comme les créatures humaines qui l'habitent. L'état dévakhanique correspond donc au cinquième principe de la terre, et le Nirvâna au sixième.

CHAPITRE VII

LA VAGUE HUMAINE

Nous avons déjà donné un aperçu général de la manière dont la grande vague évolutive vitale parcourt le cercle des sept mondes qui composent la chaîne planétaire, dont notre terre fait partie. Nous allons maintenant compléter notre exposé, et développer cette loi générale, dans le but de mieux faire comprendre son opération.

Rien ne rendra plus intelligible le caractère de cette grande théorie que l'explication de certains phénomènes ayant trait au progrès des mondes, et que nous appelons avec raison des obscurations.

Ceux qui débutent dans l'étude de la philosophie occulte, l'esprit déjà muni d'un ample bagage d'autres connaissances, sont sujets à en mal interpréter les données élémentaires. On ne peut pas tout dire à la fois, et les premières explications sommaires suggèrent parfois, chez les esprits intelligents et hardis, certaines conceptions de détails tout à fait erronées. Ces lecteurs ne se contentent pas, même pour un seul moment, d'une vague esquisse. L'imagination complète le tableau, et si son œuvre n'est pas aussitôt rectifiée, on n'est pas peu surpris, plus tard, de reconnaître que le détail ultérieur ne concorde pas du tout avec ce qu'on croyait être l'enseignement certain du début.

Le but de l'auteur de ce livre est précisément de présenter cet enseignement de façon à empêcher, autant que possible, l'envahissement des herbes folles, mais dans cet effort nous sommes parfois obligés d'anticiper sur certains points en négligeant quelques détails, même des détails très importants, pour les retrouver ensuite quand nous revenons sur nos pas. Ainsi le lecteur voudra bien maintenant se reporter à l'explication donnée au chapitre III, de la méthode d'évolution sur l'ensemble de la chaîne planétaire.

J'ai dit alors quelques mots de la manière dont la poussée vitale passe d'une planète à une autre, par élans ou saccades et non en un flot ininterrompu. Or, le cours de l'évolution à son début est continu, en ce sens que la préparation de plusieurs planètes pour la vague finale, la vague humaine, peut avoir lieu simultanément. En fait, la préparation de toutes les planètes peut avoir lieu simultanément à un moment donné de l'évolution, mais le point important à retenir est : que la vague principale de l'évolution, — la vague initiale en mouvement, — ne peut pas être en deux endroits à la fois. Le phénomène se déroule comme nous allons l'expliquer, et le lecteur suivra plus facilement notre exposé, s'il dresse sur un papier ou simplement dans sa pensée un diagramme consistant en sept circonférences (représentant les mondes) disposées en cercle. Il les nommera A, B, C, etc., et se rappellera que nous avons déjà dit que le cercle, ou globe D, représente notre terre. Souvenons-nous que les règnes de la nature connus des occultistes sont au nombre de sept, dont trois appartiennent aux forces astrales et élémentaires qui précèdent les règnes matériels plus denses dans l'ordre de leur développement. Le règne I évolue sur le globe A et passe sur B lorsque le règne 2 commence son évolution sur A. En continuant ce système, il résultera naturellement que le règne I évolue sur le globe G lorsque le règne 7, le règne humain, évolue sur le globe A. Mais alors, qu'arrive-t-il lorsque le règne 7 passe au globe B? Il n'y a pas de huitième règne pour maintenir en activité le globe A. Le grand processus évolutif a atteint son apogée dans la vague finale de l'humanité, laquelle, après son passage, laisse derrière elle la nature en une léthargie temporaire. Lorsque la vague vitale passe sur B, le globe A reste, de fait, pendant un certain temps, dans un état d'obscuration. Ce n'est pas là un état de désagrégation, de dissolution, rien de comparable à la mort. La désagrégation elle-même entraîne une activité dans une certaine direction, quoique

son nom donne facilement lieu à une fausse interprétation ; et cette considération donne la clef de
bien des passages qui, sans cela, resteraient in-
compris dans cette partie de la mythologie hindoue
qui traite des divinités qui président à la destruction. L'obscuration d'un monde est la suspension
totale de son activité ; ce qui n'implique pas qu'il
soit paralysé par une convulsion, ou se trouve
plongé dans un sommeil magique comme un palais
enchanté, dès l'instant même où la dernière monade humaine abandonne ce monde quelconque. La
vie animale et la vie végétale s'y poursuivent comme auparavant, pendant un certain temps, mais
elles sont marquées dès lors par une régression,
non par un progrès. La grande vague de vie l'a
abandonné et les règnes animal et végétal retombent graduellement dans la condition qu'ils occu-
paient lorsque la grande poussée vitale leur arriva
d'abord. D'immenses périodes de temps sont ainsi
consacrées à cette lente évolution par laquelle le
monde en obscuration atteindra le sommeil, car
nous voyons dans chaque cas que l'obscuration
dure six fois plus longtemps [1] que la période d'occupation de chaque monde par la vague humaine.
Ce qui revient à dire que cette régression qui
s'accomplit, comme nous l'avons décrit, après le

---

1. Nous pourrions dire plus exactement cinq fois, en faisant la part de la demi-période d'aube qui précède, et la
demi-période de crépuscule qui suit le jour de pleine activité.

passage de la poussée vitale du globe A au globe B, se répète sur toute la chaîne. Lorsque la vague passe sur C, B aussi bien qu'A est en obscuration, c'est alors D qui reçoit la vague vitale et les globes A, B et C sont en obscuration. Quand la vague atteint G, les six mondes antérieurs sont en obscuration.

Pendant ce temps la vague vitale continue sa progression régulière, et sa marche symétrique est de nature à satisfaire tous les esprits scientifiques. Le lecteur se rendra vite compte de cette idée à la lumière des explications déjà données, au sujet du mode d'évolution de l'humanité à travers les sept grandes races sur une planète pendant chaque ronde, c'est-à-dire pendant le temps que cette planète est occupée par la vague vitale. La quatrième race est naturellement la race moyenne de la série. Aussitôt que ce point médian est dépassé et que l'évolution de la cinquième race commence sur une planète quelconque, la préparation pour l'humanité commence sur la suivante. Par exemple : l'évolution de la cinquième race sur E va de pair avec l'évolution, ou pour mieux dire, le retour à la vie du règne minéral sur D, et ainsi de suite. En d'autres termes, l'évolution de la sixième race sur D coïncide avec le réveil du règne végétal sur E ; celle de la septième race sur D avec le réveil du règne animal sur E, et, alors, lorsque les dernières monades de la septième race sur D ont passé dans l'état subjectif, ou monde des effets,

la période humaine débute en E, et la première race
y commence son développement. Pendant ce
temps, la période crépusculaire sur le monde qui
précède D s'est accentuée jusqu'à devenir pro-
gressivement la nuit de l'obscuration ; et celle-ci
s'y établit, définitivement, lorsque la période humaine sur D a dépassé son point médian. Mais,
de même que le cœur humain continue de battre et
la respiration d'agir pendant le plus profond sommeil, de même certains genres d'activité vitale se
poursuivent sur le monde en repos, même dans
ses moments de plus profonde inactivité. Et ce
sont eux qui conservent, en vue du prochain retour de la vague humaine, les résultats de l'évolution qui précéda son arrivée précédente. Le retour à la vie d'une planète qui s'éveille est un événement plus considérable que celui de sa préparation au sommeil, car il lui faudra parvenir à un
degré de perfection plus élevé que celui qu'elle
avait atteint lorsque la vague de vie la quitta, en
prévision du retour de l'onde vitale humaine. Mais
à chaque recommencement nouveau, la nature
s'imprègne d'une vigueur nouvelle, — une fraî-
cheur d'aurore — et la précédente période d'obscuration, période de préparation et d'espérance,
apporte à l'évolution même un renouveau d'énergie. Et quand l'heure sonne pour le retour du
grand influx de vie, tout se trouve prêt pour l'accueillir.

Notre premier exposé de cette théorie indiquait

sommairement que les différents mondes qui composent notre chaîne planétaire n'étaient pas tous sur le même plan de matérialité. Si nous plaçons la notion d'esprit à l'un des pôles du cercle, et celle de matière à l'autre, nous verrons que les mondes de l'arc descendant varient quant à la matérialité et la spiritualité, de même que ceux de l'arc ascendant. Examinons maintenant cette variation plus attentivement, et cherchons à nous former une idée plus complète qu'auparavant de l'ensemble du plan du procédé de l'évolution.

Outre la terre, qui occupe le point matériel inférieur, il n'y a que deux autres mondes de notre chaîne visibles pour nos yeux physiques : celui qui nous précède et celui qui nous suit. Ces deux mondes sont : Mars et Mercure, — Mars dépassé déjà, et Mercure devant nous, — Mars, dans l'état d'obscuration complète, en ce qui concerne la vague vitale humaine, et Mercure commençant à se préparer pour sa prochaine période humaine [1].

---

1. Il est à propros de dire ici, pour les personnes qui, à la suite de lectures scientifiques, objecteraient que Mercure est trop près du Soleil et par conséquent trop chaud pour être habitable, que les rapports officiels du département astronomique des Etats-Unis, en parlant des « observations du Mont Whitney », établissent des faits qui arrêteront sur ce point les critiques trop hâtives de la science occulte. Les résultats des observations du Mont Whitney sur l'absorption sélective des rayons solaires établissent, suivant le rapport officiel, qu'il n'est pas impossible aujourd'hui d'admettre une con-

Les deux planètes de notre chaîne en arrière de Mars, ainsi que les deux en avance de Mercure, sont d'une matière imperceptible aux télescopes. Sur les sept il y en a donc quatre de nature éthérée, que ceux qui ne conçoivent la matière que sous sa forme terrestre qualifieront d'immatérielle. Mais elles ne sont nullement immatérielles. Elles sont seulement d'une matière plus subtile que la terre, et cet état plus éthéré n'altère en rien l'uniformité du dessein de la Nature, quant aux méthodes et aux époques de leur évolution. Les rondes

---

dition d'atmosphère qui rendrait habitables Mercure à une extrémité de l'échelle et Saturne à l'autre. Nous n'avons pas à nous occuper de Saturne pour le moment, et si nous avions à prouver par l'occultisme que Mercure est habitable, nous ne le ferions pas au moyen de calculs sur l'absorption sélective. La science ordinaire attribue, à la fois, trop et trop peu de valeur au Soleil comme réservoir d'énergie pour le système solaire — trop, en ce sens que la chaleur des planètes dépend beaucoup d'une influence tout à fait distincte du Soleil ; cette influence ne sera complètement comprise que lorsque nous aurons une connaissance plus complète des corrélations qui existent entre la chaleur et le magnétisme, et la poussière magnétique et météorique qui remplit l'espace interplanétaire. Il suffit, cependant, de dire, pour réfuter les objections au point de vue même des disciples de la science officielle de l'année dernière, que ces objections sont déjà surannées. La science moderne est progressive, — c'est un de ses plus grands mérites, — mais il n'est pas à la louange des savants modernes de croire, à chacune des étapes de son progrès, que toutes les conceptions qui ne cadrent pas avec leur enseignement, doivent nécessairement être absurdes.

et les races humaines y traversent successivement
leurs étapes de matérialité plus ou moins grande,
de la même manière que sur cette terre, suivant
le degré de leur subtile «invisibilité »; mais quiconque voudra les comprendre doit premièrement
connaître notre terre, pour arriver ensuite à en
déduire leurs phénomènes subtils, par des jugements d'analogie. Revenons donc à l'étude de la
grande vague vitale dans ses aspects sur notre planète.

La chaîne des mondes prise comme unité possède un pôle nord et un pôle sud, les pôles spirituel et matériel, et descend de l'esprit vers la matière pour remonter vers l'esprit ; de même les
rondes de l'humanité constituent une série analogue, symbolisée par la chaîne des globes. Il y a,
en vérité, dans l'évolution humaine, un arc descendant et un arc ascendant, aussi bien sur un seul
plan que sur tous ; l'esprit, pour ainsi dire, s'in-
voluant dans la matière et la matière évoluant vers
l'esprit. Le point inférieur ou le plus matériel du
cycle devient donc le sommet inverti de l'intelligence physique, qui n'est autre chose que la manifestation déguisée de l'intelligence spirituelle.
Chaque ronde humaine évoluée sur l'arc descendant (de même que chaque race de chaque ronde,
en nous reportant, toutes proportions gardées, à
l'exemple du Cosmos) doit être physiquement plus
intelligente que la précédente, et chacune sur l'arc
ascendant devra être douée d'une forme de men-

talité plus raffinée, alliée à une plus grande intuition spirituelle. L'homme que nous voyons dans la première ronde était un être relativement éthéré, comparé, même sur cette terre, à l'état qu'il a atteint aujourd'hui ; non pas intellectuel, mais hyperspirituel. Son corps était énorme, mais vaguement organisé, de même que les formes animales et végétales qui l'environnaient. Dans la seconde ronde il est encore gigantesque et éthéré, mais son corps se condense et prend de la fermeté, — c'est un homme plus physique, mais plus intelligent que spirituel. Dans la troisième ronde son corps a développé une forme tout à fait complète et compacte ; au début, singe géant, plutôt qu'homme véritable, mais dont l'intelligence apparaît de plus en plus claire. Sa taille gigantesque décroît dans la seconde moitié de la troisième ronde ; la contexture de son corps s'affermit et il commence à devenir un homme rationnel. L'intelligence développée dans la quatrième ronde prend maintenant un essor considérable. Les races primitives acquièrent la parole humaine, telle que nous la connaissons. Le monde abonde en preuves de l'activité intellectuelle et du déclin spirituel. Nous voici arrivés au point médian de la quatrième ronde, et c'est ici que le point polaire de la période septénaire du monde est franchi. L'Ego spirituel commence dès maintenant sa véritable lutte entre le corps et l'esprit, en vue d'amener à se manifester ses pouvoirs transcendants. La lutte continue pendant la cinquième ronde, mais alors ses facultés transcendantes sont très développées, quoique la lutte contre celles-ci, d'un côté, ses penchants et son intelligence physique, de l'autre, soit plus acharnée que jamais ; car l'intelligence de la cinquième ronde, de même que sa spiritualité, est plus avancée que celle de la quatrième. L'humanité atteindra dans la sixième ronde un degré de perfection de corps et d'âme, aussi bien que d'intelligence et de spiritualité que l'imagination de l'homme ordinaire de notre époque ne saurait concevoir. Les plus sublimes combinaisons de sagesse, de bonté et de connaissances transcendantes que le monde ait jamais vues ou imaginées, seront alors l'apanage de l'humanité moyenne. Les facultés qui permettent de nos jours à quelques personnes extraordinairement douées, fleur de notre génération, d'explorer les mystères de la nature et de recueillir cette science dont nous offrons quelques bribes au monde en général (dans ce livre ou autrement), seront alors à la portée de tous. Quant à ce que sera la septième ronde, les Maîtres occultes, même les plus communicatifs, gardent à son sujet un silence absolu. Dans la septième ronde l'homme sera une créature trop divine pour que ceux de la quatrième ronde puissent discourir sur ses attributs.

Pendant l'occupation d'une planète quelconque par la vague vitale humaine, chaque monade individuelle s'incarne nécessairement un grand nombre de fois. Ceci a déjà été partiellement expliqué. Si la monade ne vivait qu'une seule existence dans chacune des races où elle doit passer au moins une fois, le nombre total d'existences qu'elle accomplirait pendant une ronde, sur une planète, serait de 343, la troisième puissance de sept. Mais, en réalité chaque monade s'incarne deux fois dans chacune des sous-races, et à ce nombre il faut nécessairement ajouter quelques incarnations de plus. Les détenteurs de la science occulte répugnent à divulguer les chiffres qui ont trait à la cosmogonie, pour des raisons difficilement explicables aux profanes, et ceux-ci ne comprennent pas non plus pourquoi on les leur cache. Nous ne pouvons donc pas indiquer maintenant en années la durée d'une ronde. Mais on nous a cependant fait une concession se rapportant aux nombres qui nous occupent, laquelle ne sera appréciée que par ceux qui étudient la science occulte depuis longtemps et par l'antique méthode. Cette concession est certainement précieuse, en ce qu'elle nous aide à éclaircir un fait très intéressant au sujet de l'évolution, que nous allons aborder. Ce fait est le suivant : tandis que cette terre, par exemple, est maintenant habitée par l'humanité de la quatrième ronde, c'est-à-dire par la vague de vie humaine parcourant son quatrième voyage autour du cercle des mondes, il peut se faire qu'il y ait parmi nous quelques personnes, bien peu en comparaison du nombre total, qui, à proprement parler, appartiennent à la cinquième ronde. Mais il ne faut pas supposer, par suite du terme que nous employons, qu'une unité individuelle ait actuellement parcouru miraculeusement la chaîne des mondes une fois de plus que ses semblables. Les explications que nous avons données sur la marche de la vague humaine nous en démontrent l'impossibilité. L'humanité n'a même pas encore fait son quatrième voyage sur la planète immédiatement en avant de la nôtre. Mais quelques monades individuelles peuvent devancer leurs compagnes dans leur développement intellectuel, et devenir, par cela même, ce que l'humanité en général sera lorsqu'elle aura traversé la cinquième ronde. Ceci peut être accompli de deux manières. Un homme qui, par sa naissance, appartient à la quatrième ronde, peut, par des procédés d'entraînement occulte, se transformer en un homme possédant tous les attributs de la cinquième ronde, et devenir ce que nous nommerions un homme de cinquième ronde artificiel. Mais il est aussi possible qu'un homme bien que vivant dans la quatrième, naisse avec les facultés de la cinquième ronde, (indépendamment des efforts faits par lui dans son incarnation actuelle), en vertu du nombre total de ses incarnations antérieures.

Si X représente le nombre normal des incarnations, qu'au cours de son évolution normale une monade doit traverser pendant une ronde sur une planète, et Y le surplus d'incarnations physiques que, par un désir ardent de vie physique, elle parviendra à vivre pendant cette période, alors naturellement 24 1/2 $(X + Y)$ dépassera 28 X ; c'est-à-dire que cette monade aura accompli dans trois rondes et demie autant d'incarnations qu'une monade ordinaire pendant quatre rondes complètes. Ce résultat n'aurait pu être atteint en moins de trois rondes et demie, de sorte que ce n'est que maintenant, après que nous avons dépassé le point médian de l'évolution sur notre planète, médiane elle-aussi, que les hommes de la cinquième ronde commencent à apparaître.

La nature même des choses ne permet pas à une monade de devancer ses semblables de plus d'une ronde. Malgré cette affirmation, le Bouddha était un homme de la sixième ronde ; mais ce fait se rapporte à un grand mystère, qui dépasse les limites du présent calcul. Il suffit, pour le moment, de dire que l'évolution d'un Bouddha a des causes plus élevées que le nombre des incarnations dans les limites d'une chaîne planétaire.

Puisque nous reconnaissons, d'après les calculs ci-dessus, qu'un grand nombre de vies se succèdent au cours des incarnations successives d'une monade, il est important de faire remarquer, pour prévenir les malentendus, que les périodes de temps sur lesquelles ces incarnations s'étendent sont si considérables que, pour nombreuses qu'elles soient, de vastes intervalles les séparent. Nous avons dit que nous ne pouvions actuellement donner la durée exacte d'une ronde. Il nous est également impossible de fixer un chiffre pour préciser la durée de toutes les rondes, car celles-ci varient dans de très grandes limites. Voici cependant un simple fait qui nous a été divulgué par la plus haute autorité occulte que nous connaissions. L'évolution de la race humaine actuelle, la cinquième race de la quatrième ronde, commença il y a environ un million d'années. Et cette évolution n'est pas terminée. Mais, en supposant que la vie totale de cette race représente une durée d'un million d'années [1], comment devrait-on la diviser pour chaque monade individuelle? Une monade individuelle peut avoir un peu plus de 100 incarnations dans une race ; toutefois ce nombre n'atteindra probablement pas 120. Mais, supposons que la durée moyenne de la vie pour chaque incarnation soit d'un siècle, nous ne passerions quand même que 12.000 années sur un million dans l'existence physique, contre 988.000 dans la sphère

----

1. La vie totale d'une race est certainement beaucoup plus longue ; mais lorsque nous touchons à ces chiffres nous sommes sur un terrain dangereux, car les périodes exactes sont de profonds secrets, pour des raisons que les étudiants non initiés (« chélas laïques » comme les nomment les adeptes aujourd'hui, adoptant une nouvelle désignation pour satisfaire une nouvelle condition) comprendront difficilement. Les calculs comme ceux donnés ci-dessus sont suffisamment exacts, mais ne doivent pas servir de base à d'autres.

subjective, et il y aurait une moyenne de plus de 8.000 ans entre chaque incarnation. Sans doute la durée de ces périodes intermédiaires est fort variable, mais elles ne peuvent guère se réduire à moins de 1.500 ans (laissant hors de question les adeptes qui se sont complètement soustraits à la loi générale), et 1.500 ans représenteraient un intervalle bien court, sinon exagérément bref, entre deux réincarnations.

Cependant ces calculs devront être appuyés par quelques considérations. Les cas d'enfants qui meurent en bas âge, sont bien distincts de ceux de personnes qui atteignent un âge avancé, et ceci pour des raisons évidentes que suggéreront les explications déjà données. Un enfant qui meurt avant d'avoir vécu le temps nécessaire pour être responsable de ses actions, n'engendre pas de nouveau Karma. La monade spirituelle abandonne ce corps d'enfant dans le même état qu'elle y est entrée après sa dernière mort en Dévakhan. Elle n'a pas eu l'occasion de jouer de cet instrument, brisé avant d'avoir été accordé. La monade se réincarnera peut-être immédiatement, suivant la voie de ses anciennes inclinations. Mais une monade ainsi réincarnée n'a aucune identité spirituelle avec l'enfant mort. Il en est de même avec une monade qui entre dans le corps d'un idiot de naissance. Il lui est impossible d'accorder son instrument, elle ne peut donc pas plus en tirer parti que durant les premières années de sa vie d'enfant.

Ces deux cas, toutefois, sont d'évidentes exceptions, qui ne modifient en rien la règle générale
que nous avons exposée, se rapportant à toutes les
personnes mourant à un âge mûr, et qui ont employé leur vie pour le bien ou pour le mal.

Annotations.

L'étude et les renseignements ultérieurs, —
c'est-à-dire la comparaison des diverses branches
de la doctrine, ainsi que le rapprochement de ces
faits avec ceux du chapitre précédent, — montrent
bien comme il est difficile d'adapter des chiffres
aux doctrines ésotériques. On peut se fier aux
chiffres pour établir des moyennes générales, mais
ils induisent en erreur lorsqu'on les applique à des
cas spéciaux. Les périodes dévakhaniques varient
dans de si grandes proportions, suivant les personnes, que les règles qui leur sont appliquées
donnent lieu à nombre d'exceptions fort embarrassantes. Nous remarquons tout de suite que la
moyenne ci-dessus mentionnée s'applique, sans
aucun doute, aux adultes d'âge mûr. Entre l'enfant qui ne traverse aucune période dévakhanique
et l'adulte qui y jouit d'un séjour moyen, se trouvent les personnes qui meurent jeunes, après avoir
engendré du Karma, et qui, par conséquent, traversent les stades usuels de la vie après la mort,

mais chez lesquelles la courte durée de la vie n'a pas produit de causes qui exigeront un laps de temps pour déterminer leurs effets. Ces personnes se réincarneront après un court séjour d'une durée correspondante dans le monde des effets. Il faut en outre mentionner ce que nous nommerons des incarnations artificielles, qui s'accomplissent par l'intervention directe des adeptes, lorsqu'un *Chéla,* n'ayant pas encore acquis le pouvoir d'en diriger lui-même l'opération, est amené à se réincarner immédiatement après sa mort physique antérieure, sans se voir contraint de suivre l'impulsion normales des causes qu'il a engendrées. Évidemment dans ce cas, l'appel que ces personnes font aux pouvoirs des Mahatmas, qui eux sont absolument incapables d'agir capricieusement, n'est autre chose que le fruit des efforts de la vie antérieure, c'est-à-dire de Karma. De toutes façons, il faudrait aussi faire abstraction de ces cas particuliers, lorsqu'il s'agit de fixer les moyennes qui établiront la règle générale.

Lorsqu'on expose pour la première fois les bases compliquées d'une science tout à fait inconnue, il est naturellement impossible de les présenter avec toutes leurs conséquences propres, leurs rectifications et les conséquences anormales, que l'on voit clairement dès le début. Il faut se résigner à exposer d'abord les grandes lignes, et réserver les exceptions ; ceci est surtout vrai pour les études occultes, les méthodes traditionnelles

d'enseignement, régulièrement suivies, visant à
fixer toute nouvelle idée dans la mémoire, en
provoquant la perplexité qu'elle est destinée à résoudre enfin. Je vois maintenant que nous avons
omis de parler d'une importante exception aux
lois de la nature, ayant trait à un autre sujet précédemment exposé. La description que j'ai donnée
du progrès de la vague humaine est parfaitement
correcte telle qu'elle est ; mais depuis la publication de l'édition originale de ce livre, une critique
a été suscitée aux Indes, par la comparaison entre
ma version du plan naturel et certains passages
d'un autre livre que l'on sait avoir été inspiré par
un Mahatma. On a appelé l'attention sur la contradiction existant entre les deux versions, la dernière prétendant qu'il est possible qu'une monade *puisse vraiment* parcourir le tour des sept planètes une fois de plus que ses semblables, parmi
lesquelles elle peut se retrouver à un certain moment sur cette terre. Ma version des obscurations
semble rendre cette éventualité impossible. La clé
du mystère semble résider dans un ordre de faits
sur lesquels les adeptes hésitent à parler ouverte-
ment ; de sorte que le lecteur est averti, dès
l'abord, que l'explication qui suit résulte de mes
réflexions particulières, de mon étude comparée
des diverses branches de la doctrine, et non pas
d'un enseignement authentique de Celui qui a dirigé l'ensemble de mes études.

Il me paraît donc qu'en réalité les obscurations

sont à ce point complètes qu'elles présentent tous les phénomènes décrits plus haut sur chaque planète qu'elles intéressent, dans son ensemble. Mais il se produit même alors de ces phénomènes exceptionnels qu'il nous faut toujours être prêts à rencontrer. La grande majorité de l'humanité est poussée d'une planète à l'autre par la grande impulsion cyclique lorsque arrive l'heure de son transfert ; mais la planète qu'elle quitte ne reste pas *absolument* privée d'humanité, de même que *toutes* les régions à sa surface ne sont pas rendues inhabitables pour les êtres humains, par suite des changements physiques et climatériques qui y surviennent. Une petite colonie humaine reste attachée à chaque planète, même pendant une obscuration, et les monades qui font partie de ces petites colonies suivent des lois différentes d'évolution, passant d'un monde à l'autre sur ce que nous pourrons nommer le cercle intérieur de l'évolution, en tête de la race entière et hors de portée des attractions qui régissent le tourbillon principal de l'humanité, sur la planète occupée par la grande vague de vie.

Pour le moment, nous ne pouvons faire que des suppositions assez hasardeuses sur les circonstances qui projettent, parfois, une âme du sein même du grand tourbillon humain, et la lancent hors de l'attraction de la planète occupée par la vague vitale, dans celle du cercle intérieur.

Peut-être est-il bon d'indiquer comment le phé-

nomène naturel que je viens de suggérer s'harmonise avec les doctrines si répandues du Déluge,
si l'on admet la solution que je propose comme
applicable au problème des Rondes-Intérieures.
La partie de la planète restée habitable pendant
une obscuration équivaudrait à l'Arche de Noé du
récit biblique dans son sens symbolique le plus
large. Le récit du Déluge a naturellement aussi des
significations symboliques plus restreintes, mais il
n'est pas improbable que les cabalistes y aient
encore ajouté le sens plus étendu que nous venons
de lui donner. Lorsqu'au cours du temps, la planète en obscuration est de nouveau préparée pour
recevoir une population humaine complète, les
colons de l'Arche viendraient à point pour commencer à la repeupler.

CHAPITRE VIII

LE PROGRÈS DE L'HUMANITÉ

Le lecteur s'est maintenant rendu compte que le cours de la nature assure le progrès indéfini de toutes les entités humaines, vers les sphères supérieures de l'existence. Il a été également démontré qu'en dotant ces entités, au fur et à mesure, de facultés toujours plus élevées et en élargissant constamment leur sphère d'activité, la nature fournit à chacune des occasions toujours plus décisives de choisir entre le bien et le mal. Les rondes primitives ne jouissaient pas entièrement de cette faculté de choisir, et la responsabilité d'action y était d'autant limitée. En réalité, les rondes primitives de l'humanité n'investissaient l'Ego d'aucune responsabilité spirituelle, dans le sens plus étendu de ce mot que nous allons maintenant définir. La période dévakhanique qui suit chaque existence objective, fait table rase de ses mérites et de ses démérites, et la personnalité la plus déplorable que l'Ego ait développée, au cours de la

première moitié de son évolution, est simplement
effacée de son livre par rapport à la vie plus importante de l'Ego, tandis que la personnalité dé-
voyée subit sa peine relativement brève et n'en-
combre plus la nature. Il en est autrement dans la
seconde moitié de la grande évolution, qui se
poursuit d'après les principes bien différents.
L'Ego n'aborde pas les phases d'existence qu'il
aura à parcourir, sans avoir acquis des mérites
propres et appropriés aux nouveaux progrès qui
l'attendent ; il ne suffit pas à l'être complètement
responsable et hautement doué qu'est l'homme, au
grand point tournant de sa carrière, de se laisser
aller paresseusement au courant du progrès ; il
lui faut, s'il veut avancer, apprendre à nager de
ses propres forces.

La complication du sujet ne nous ayant pas
permis d'en traiter toutes les phases simultanément, notre étude de la Nature a exposé jusqu'à
maintenant les sept rondes de l'ascension humaine,
qui constituent l'évolution planétaire qui nous
concerne, et les a fait voir comme une série continue, à travers laquelle l'humanité en général est
appelée à passer. N'oublions cependant pas,
comme nous l'avons déjà dit, que l'humanité de
la sixième ronde sera si développée que les attributs et facultés sublimes de l'adepte le plus élevé
seront alors le commun apanage de tous ; et que,
dans la septième ronde, la race, d'humaine qu'elle
était, sera devenue presque divine. Or, à ce de-

gré de développement, chaque être humain reconnaîtra son identité avec la suite ininterrompue de toutes les personnalités qui se sont déroulées comme un chapelet sur le fil de sa vie, depuis le commencement du grand processus d'évolution. Devons-nous supposer que la valeur morale de ces personnalités ne tire pas à conséquence au cours du temps, et que deux êtres divins parviendront au même point dans la septième ronde, l'un, à la suite d'une longue série d'existences pures et consacrées à autrui, et l'autre après une série égale de vies inutiles et égoïstes. Evidemment une telle éventualité est impossible et nous nous demandons alors comment les lois de la Nature peuvent s'harmoniser avec l'évolution déterminée de l'humanité, dans les formes d'existence supérieures qui couronnent l'édifice.

Si l'enfance n'est pas responsable de ses actes, il va de soi que les races primitives ne sont pas responsables des leurs ; il arrive cependant une période de maturité où le développement complet des facultés qui permet à l'individu de faire son choix entre le bien et le mal, au cours de la seule existence que nous considérons, permet aussi à l'Ego permanent d'accomplir son choix final. Cette période, — période énorme, car la Nature n'a nulle hâte de saisir ses créatures brusquement comme en un piège, quand il s'agit d'une pareille issue, — cette période est à peine commencée, et il lui faudra, pour s'achever, encore une ronde entière autour des sept mondes. La grande question d'avenir, d'être ou de ne pas être, ne sera irrévocablement fixée que lorsque le milieu de la cinquième ronde aura été dépassé sur cette terre. Nous entrons maintenant en possession des facultés qui font de l'homme un être pleinement responsable, mais nous avons encore à les mettre en activité pendant la maturité de notre Ego, de manière à en assurer, pour l'avenir, les vastes conséquences.

C'est pendant la première moitié de la cinquième ronde qu'a lieu la lutte décisive. Jusqu'alors, le cours ordinaire de la vie n'est qu'une préparation, bonne ou mauvaise, pour cette lutte, sans qu'on puisse l'identifier avec la lutte elle-même. Et il nous faut maintenant envisager la nature de cette lutte elle-même qui, jusqu'à présent, n'a été considérée que comme un choix entre le bien et le mal, définition non pas précisément inexacte, mais seulement incomplète.

Le conflit périodique et toujours redouté entre l'intelligence et la spiritualité est le phénomène qu'il s'agit d'étudier. Les conceptions ordinaires que représentent ces deux mots, doivent être singulièrement élargies, avant qu'on en puisse saisir la valeur occulte ; car les habitudes de la pensée européenne l'induisent facilement à se faire de la spiritualité une idée sans grandeur, en la considérant comme une qualité morale, plutôt que vraiment mentale, — une sorte de pâle moralité craintive, se bornant à l'observation du cérémonial religieux, et à de vagues aspirations dévotes, quelles que soient les notions fantaisistes du ciel et de la divinité dont la personne « spiritualisée » a pu être imbue. Dans le sens occulte, la spiritualité n'a rien, ou presque rien à faire avec les aspirations dévotes ; elle est la faculté qu'a l'intelligence d'entrer directement en contact avec la Vérité à la source même de la connaissance, — la sagesse absolue, — et non plus par le chemin laborieux et détourné de la raison discursive.

Le développement de la simple logique, la faculté d'enchaîner les jugements, est depuis si longtemps l'occupation des nations européennes, et elles ont remporté de si splendides victoires dans cette branche du progrès humain, que rien dans la philosophie occulte ne répugnera autant au début aux penseurs européens, aussi longtemps qu'ils ne saisiront pas parfaitement ces notions, que le premier aspect de la théorie occulte concernant l'intelligence et la spiritualité ; la faute n'est pas due à une injuste tendance de la science occulte à faire fi de l'intelligence, mais à ce que les idées occidentales modernes ont une tendance injustifiée à déprécier la spiritualité. Et, en vérité, la philosophie occidentale n'a pas eu jusqu'ici l'occasion d'apprécier la spiritualité : elle n'a pas été à même d'entrevoir l'étendue des facultés intimes de l'homme ; elle n'a pu qu'avancer à tâtons avec un vague soupçon de l'existence réelle de ces facultés ; et Kant lui-même, le plus grand protagoniste moderne de cette idée, n'a guère fait plus qu'affirmer qu'il existe une faculté qu'on nomme l'intuition. — Si seulement nous savions comment l'utiliser !

La science de son utilisation, c'est la science occulte dans son sens le plus élevé, **la culture de** la spiritualité. Quant à la culture de la maîtrise des forces de la Nature, à l'étude des secrets qui permettent aux principes humains subtils d'obtenir des résultats physiques, c'est là l'aspect inférieur de la science occulte, et la science physique ordinaire pourra, et même devra arriver graduellement à les posséder également. Mais l'acquisition par la seule force intellectuelle, — la science physique *in excelsis*, — de privilèges qui sont le véritable apanage de la spiritualité, est l'un des dangers de cette lutte qui décidera de la destinée finale de l'Ego humain. Car ce que la logique discursive ne pourra enseigner à l'humanité, c'est la nature et l'excellence suprême de la vie spirituelle. Car tout au contraire, l'intelligence procède de causes physiques — la perfection même du cerveau physique — et ne tend à autre chose qu'à l'effet physique lui-même, la perfection des conditions matérielles. Bien que, par une concession à la « faiblesse de ses frères » et à leur « religion », qu'il considère avec une méprisante condescendance, l'intellect moderne n'aille pas jusqu'à condamner la spiritualité, il est trop évident qu'il considère la vie physique comme la seule affaire sérieuse qui puisse retenir l'attention d'hommes réfléchis et même de fervents philanthropes. Mais, cependant, si la durée de l'existence spirituelle (je veux dire la conscience subjective ardente) peut, ainsi que nous l'avons vu en parlant de la condition dévakhanique, être vraiment exprimée en chiffres comme équivalant au rapport de 80 à 1 au bas mot, l'existence subjective de l'homme doit avoir une bien autre importance que sa vie physique, et l'intelligence a tort de diriger tous ses efforts vers l'amélioration de l'existence matérielle.

Ces considérations nous démontrent que le choix entre le bien et le mal, — choix que l'Ego humain réalise au cours de sa lutte suprême entre l'intelligence et la spiritualité, — n'est pas seulement un simple choix entre deux idées nettement contradictoires comme le vice et la vertu. La question qui doit décider, au point tournant critique, si l'homme continuera à vivre et à prolonger son développement dans une sphère d'existence plus élevée, ou cessera de vivre tout à fait, ne se réduit pas à savoir s'il est vertueux ou vicieux. Si, à notre degré de connaissances, il n'était pas imprudent d'effleurer un nouveau mystère, nous dirions que la vérité est : que la question d'être ou de ne pas être n'est pas du tout déterminée par la question de savoir si l'homme est vertueux ou non. On verra clairement par la suite qu'il doit exister une spiritualité mauvaise, aussi bien qu'une bonne. De sorte que le grand problème de la continuation de l'existence se ramène entièrement et nécessairement à la question de la spiritualité comparée à la matérialité. Le point de vue auquel nous devons nous placer n'est pas de savoir si l'homme *devra* vivre, c'est-à-dire s'il est assez bon pour qu'il lui soit permis de continuer à vivre ; mais bien si l'homme *peut* continuer son existence sur les plans supérieurs d'existence vers lesquels l'humanité doit enfin évoluer? S'est-il rendu capable de vivre en cultivant les parties permanentes de sa nature? S'il ne l'a pas fait, il lui sera impossible d'aller plus avant.

De ce que la philosophie occulte ne découvre pas dans la nature de raisons pour que le vice et la vertu déterminent le progrès final de l'évolution, il ne faudrait pas se hâter de conclure qu'elle considère que ces deux caractéristiques n'exercent aucune influence sur les destinées spirituelles de l'homme. Aucun système n'est aussi inflexible dans sa moralité que celui qu'étudie et enseigne la philosophie occulte. Mais le vice ou la vertu ne peuvent que déterminer le bonheur ou la souffrance; et non pas résoudre l'ultime problème de l'existence ininterrompue qui suivra cette période infiniment lointaine encore où, au cours de son évolution, l'homme devra commencer à être plus qu'un homme, et où il lui deviendra impossible d'avancer par la seule vertu des qualités relativement inférieures de l'humanité actuelle. Il est encore vrai qu'il est difficile de concevoir que la vertu elle-même puisse manquer, avec le temps, d'engendrer les attributs supérieurs nécessaires, mais nous ne parlerions pas avec une rigueur scientifique, si nous l'admettions comme la cause même du progrès lors des degrés supérieurs de l'évolution, quand bien même elle aurait provoqué le développement de la cause réelle du progrès.

Cette considération, que le progrès final est déterminé par la spiritualité, indépendamment de sa valeur morale, explique le sens profond de cette affirmation occulte, que « pour être immortel dans le bien il faut s'identifier avec Dieu ; et pour être immortel dans le mal, il faut s'identifier avec Satan. Ce sont les deux pôles du monde des âmes : la partie inutile de l'humanité comprise entre ces deux pôles végète et vit sans laisser de souvenir [1]. » Ainsi que toutes les formules occultes, cette énigme a un sens plus restreint (s'appliquant aussi bien au miscrocosme qu'au macrocosme) se référant alors, à Dévakhan ou à Avitchi, ainsi qu'à la destinée confuse de personnalités incolores ; mais dans son sens plus profond, elle a trait à la sélection de l'humanité au milieu de la grande cinquième

---

1. Eliphas Lévy.

ronde, à l'anéantissement des Egos manquant totalement de spiritualité et au passage des autres dans la bonne ou la mauvaise immortalité. L'Apocalypse (III, 15, 16) attribue exactement le même sens à ce passage : « Je sais que tu n'es ni froid ni bouillant. Puisses-tu être froid ou bouillant! Ainsi parce que tu es tiède et que tu n'es ni froid ni bouillant, je te vomirai de ma bouche. »

La spiritualité n'est par conséquent pas l'aspiration dévote ; c'est l'intelligence à son plus haut degré, celle qui perçoit les opérations de la Nature, par une fusion directe de l'esprit avec ses principes supérieurs. L'intelligence physique objectera à ceci que l'esprit ne peut se rendre compte de rien, si ce n'est en observant les phénomènes et en les raisonnant. Ceci est une erreur, car il le peut ; l'existence de la science occulte en est une preuve irréfutable. Nous avons des indications de ces preuves tout autour de nous, si nous voulons seulement en étudier patiemment la portée véritable. Pour nous en tenir simplement aux phénomènes de la clairvoyance, — tout imparfaits et primitifs qu'aient été ceux présentés à l'attention publique, — il serait oiseux de dire qu'il n'existe pas d'autres moyens de sensation que nos cinq sens. La faculté de clairvoyance est certainement fort rare dans le monde en général, mais elle nous prouve l'existence chez l'homme de facultés potentielles dont la puissance, ainsi que nous le font entrevoir ses plus insignifiantes manifestations, est certainement capable, à un degré de développement plus complet, de nous acheminer vers une assimilation directe de connaissances, indépendamment de l'observation. Une des plus grandes difficultés que nous ayons à surmonter dans la tâche que nous avons entreprise de traduire la doctrine ésotérique en langage ordinaire, tient réellement à ce que la perception spirituelle, indépendante de tous les procédés par lesquels s'acquiert la science, est vraiment une des grandes et sublimes possibilités de la nature humaine. C'est par ce moyen qu'au cours régulier de l'entraînement occulte, l'adepte transmet son instruction à ses élèves. Il réveille chez eux les sens dormants, et par ces sens, il les convainc que telle ou telle doctrine est l'exacte vérité. Tout le système de l'évolution, exposé dans les chapitres précédents, s'imprègne dans l'esprit du chéla, parce qu'au moyen de la vision clairvoyante, on le met à même de voir le processus se développer. Il n'est pas besoin de se servir de la parole pour l'instruire. Les adeptes eux-mêmes, pour lesquels les opérations de la nature sont aussi familières que le sont pour nous les doigts de notre main, éprouvent une difficulté à exposer dans un traité qu'ils ne peuvent illustrer, en nous en faisant un tableau mental dans notre sixième sens dormant, la complexe anatomie du système planétaire.

On ne peut évidemment pas s'attendre à ce

que l'humanité en général ait conscience de la possession de ce sixième sens, car l'heure de son activité n'a pas encore sonné. Nous avons déjà dit que chaque ronde, à tour de rôle, est affectée au perfectionnement chez l'homme de celui des principes qui lui correspond dans l'ordre numérique, et à la préparation pour l'acquisition du suivant. Les rondes primitives nous ont présenté l'homme sous une forme vague, à peine organisée, et dépourvu d'intelligence. Le corps, le premier de tous les principes, se développe, mais il ne fait que s'accoutumer au contact avec les énergies vitales et ne ressemble en rien à ce que nous pouvons imaginer aujourd'hui. La quatrième ronde, celle dans laquelle nous sommes engagés, est affectée au développement complet du quatrième principe, la volonté, le désir, et elle aura à entrer en contact avec le cinquième principe, celui de la raison et de l'intelligence. Dans la cinquième ronde, la raison, l'intelligence ou l'âme complètement développée, dans laquelle l'Ego résidera alors, aura à entrer en contact avec le sixième principe, la spiritualité, ou bien à faire l'abandon total de l'existence.

Tous les lecteurs au courant de la littérature bouddhiste se rappellent les allusions constantes qui y sont faites à l'union de l'âme de l'Arhat avec Dieu. En d'autres termes, cette union n'est que le développement prématuré de son sixième principe. A travers tous les obstacles qui entravent

cette croissance chez l'homme de la quatrième
ronde, il effectue par ses propres efforts, son ascension jusqu'au point de l'évolution qui attend
le reste de l'humanité, — ou plutôt cette partie de
l'humanité qui l'atteindra au cours normal de l'évolution, — dans la dernière partie de la cinquième
ronde. On remarquera qu'il franchit ainsi la
grande période critique, le point médian de la cinquième ronde. C'est là le merveilleux exploit de
l'adepte, quant à ses intérêts personnels. Il a atteint la rive opposée de l'océan dans lequel tant de
membres de l'humanité périront. Il attend là l'arrivée de ses futurs compagnons, dans une béatitude que, sans quelques faibles lueurs de spiritualité, provenant du sixième sens, l'on ne saurait concevoir. Je m'empresse de dire, afin d'éviter un malentendu, qu'il n'attend pas dans son
corps physique ; mais, *lorsqu'il obtient enfin le
privilège de l'abandonner*, il attend dans l'état spirituel qu'il serait vain de tenter de décrire, puisque
même l'état dévakhanique de l'humanité ordinaire
est déjà hors de la portée d'une imagination non
initiée à la science spirituelle.

Mais revenons au cours ordinaire de l'humanité, et au développement d'individus de la sixième
ronde, d'hommes et de femmes qui ne deviennent
pas adeptes à un stade prématuré de leur carrière,
nous ferons remarquer que c'est bien là le cours
normal de la nature, dans un certains sens, de
même que c'est le cours de la nature que chaque

grain de blé qui tombe dans un sol approprié, parvienne à produire un épi. Néanmoins nombre de grains de blé se perdent, et nombre d'Egos humains ne résisteront jamais aux épreuves de la cinquième ronde. L'effort final de la nature dans l'évolution de l'homme est de faire de lui un être incalculablement plus grand, qui devienne un agent conscient, et enfin l'Etre ordinairement désigné sous le nom de principe créateur de la nature. Le premier pas consiste dans l'évolution du libre arbitre, le second à perpétuer son existence en l'amenant à collaborer au but final de la nature, qui est le bien. Au cours de cette opération, il est inévitable qu'une grande partie de ce libre arbitre se tourne vers le mal, et soit dispersée et anéantie après avoir causé une souffrance temporaire. Bien plus, le but final ne peut être atteint sans une grande dépense de matériaux, ainsi que cela se passe dans les stades inférieurs de l'évolution, où des milliers de semences sont produites par un végétal pour une seule qui finalement germe et donne une nouvelle plante ; de même, les germes divins de la Volonté sont abondamment semés dans le cœur de l'homme, comme des graines emportées par le vent. Devons-nous blâmer la justice de la nature de ce que beaucoup de ces germes périssent? Cette idée ne naîtrait que dans un esprit incapable de reconnaître qu'il y a place, dans la nature, pour la croissance de chaque germe qui désire se développer, et pour l'amener à son plein développement, qu'il soit grand ou petit. Si l'on objectait, en sus, qu'une « âme immortelle » ne saurait, en aucun cas, être anéantie, cette objection témoignerait seulement de la néfaste habitude de considérer comme éternité tout ce qui dépasse notre infime existence. Il y a place dans les sphères subjectives, et il y a du temps dans le Manvantara de notre chaîne, même avant d'approcher la période Dhyân Choatique ou quasi divine, pour plus d'immortalité qu'un cerveau ordinaire n'en saurait concevoir. Chaque noble action, chaque inspiration élevée de tout homme ou femme, se répercute à travers des aeons d'existence spirituelle, que l'entité humaine soit ou non capable de s'élever jusqu'au sublime et merveilleux développement de la septième ronde. Et la théorie exotérique s'érige le droit de bâtir tout un échafaudage de résultats éternels avec les causes générées dans une de nos courtes vies terrestres ! C'est de la sept ou huit centième partie de notre vie objective sur notre terre, pendant le séjour qu'y fait actuellement la vague évolutive, qu'on voudrait voir la nature décider, sur des bases suffisantes, de notre avenir tout entier. En vérité, la nature récompense si généreusement une dépense relativement faible de bonne volonté humaine, dirigée vers le bien, qu'une seule existence peut parfois suffire à anticiper sur la croissance de milliards d'années, si extravagant que cet espoir puisse paraître, si extravagant qu'il soit en vérité s'il s'applique à une vie ordinaire.

Il est possible qu'un adepte développe, dans une seule existence terrestre [1], un tel progrès que sa croissance ultérieure en est assurée et ne sera plus qu'une question de temps ; mais pour cela il faut que le germe qui produit un adepte soit originairement très parfait, favorisé dès le début par des conditions exceptionnelles, et surtout que l'effort de l'homme lui-même soit constant et bien plus concentré, plus intense, plus ardu, que ne peut l'imaginer le non initié. En général, une existence partagée entre la jouissance matérielle et l'aspiration spirituelle, — si sincère et si élevée que soit cette dernière, — ne produit qu'un double résultat : une récompense en Dévakhan et une renaissance sur terre. La conduite de l'adepte qui désire se soustraire à la nécessité d'une renaissance est parfaitement simple et scientifique. disons-le de suite, quoiqu'elle apparaisse comme un mystère théologique, lorsqu'on l'explique dans les livres exotériques au moyen de Karma, Skandas, Trishna, Tanha, etc. La vie terrestre subséquente est une conséquence des affinités engendrées par le cinquième principe, l'âme. humaine permanente, tout comme les premières expériences dévakhaniques sont le résultat des pensées et as-

----

1. Mon impression est que dans la pratique il l'atteint rarement dans une seule vie terrestre ; il s'en approche plutôt dans deux ou trois incarnations artificielles.

pirations élevées, auxquelles la personne en question donne naissance pendant sa vie. C'est-à-dire que les affinités engendrées dans les cas ordinaires sont moitié matérielles, moitié spirituelles. Par conséquent, l'âme débute dans le monde des effets sous l'empire de deux attractions, l'une occasionnant les effets subjectifs de sa vie dévakhanique, et l'autre entrant en jeu à la fin de cette dernière, et ramenant l'âme en incarnation. Mais si l'individu ne développe, pendant sa vie objective, aucune affinité pour l'existence matérielle, et si toutes les aspirations de son âme tendent, au moment de la mort, vers la spiritualité, sans qu'aucun désir l'attire vers la vie objective, il ne revient plus ; il s'élève à une condition spirituelle qui correspond à l'intensité des attractions ou des affinités acquises dans la direction spirituelle, et l'autre lien est définitivement tranché. ·

Cette explication, toutefois, n'est pas à tous les points de vue également satisfaisante car, même l'adepte, quel que soit son degré d'élévation, se réincarnera, après que le reste de l'humanité aura traversé la grande période décisive du milieu de la cinquième ronde. Avant d'avoir atteint l'état de conscience d'Esprit Planétaire, la plus élevée des âmes humaines conserve encore forcément une certaine affinité avec la terre, bien que ce qui l'attire ne soit pas la vie de jouissances physiques et de passions que nous traversons nous-mêmes. Mais le point important à retenir, par rapport aux con-

séquences spirituelles de la vie terrestre, c'est
qu'en présence d'une majorité de cas aussi considérable, il est inutile de nous occuper d'une minorité exceptionnelle : car notre sens de la justice
vis-à-vis de la destinée des hommes bons est amplement satisfait par le cours normal et progressif
de la nature. La vie dévakhanique est toujours là
pour accueillir, ranimer et exalter l'âme après la
lutte, les victoires ou les souffrances de l'incarnation. Bien plus, laissant de côté la question d'éternité, la nature prend soin de doter l'humanité entière, pendant les périodes inter-cycliques, au point
médian de chaque ronde, d'immenses intervalles
de bonheur spirituel, infiniment plus étendus et
plus sublimes que les périodes dévakhaniques qui
séparent deux existences, sauf pour les malheu-
reuses âmes déchues qui ont persisté dans la voie
du mal. La nature, en effet, pendant toute la période préparatoire, est infiniment magnanime et
patiente envers chacun des candidats à l'épreuve
définitive. Un premier échec n'est pas nécessairement fatal. Les refusés peuvent se présenter à
nouveau, si leur insuccès n'est pas absolument éli-
minatoire ; mais il leur faut attendre une occasion
nouvelle.

L'explication complète des conditions dans lesquelles a lieu cette attente, n'entrerait pas dans le
cadre de cet exposé ; mais il ne faut pas croire que
les candidats à l'évolution qui se sont rendus inaptes à traverser la période critique de la cinquième

ronde retombent nécessairement dans la sphère de l'anéantissement. Pour. que cette attraction puisse s'exercer, il faut que l'Ego ait laissé se développer en lui une attraction invincible pour la matière, une véritable répulsion pour la spiritualité, qu'aucune force ne puisse vaincre. Dans l'absence de telles affinités, et de celles aussi qui pourraient aider l'Ego à franchir le grand gouffre, la destinée qui échoit aux échecs de la Nature est, *en ce qui concerne le Manvantara planétaire actuel,* de mourir, comme le dit Eliphas Lévy, sans laisser de souvenir. Ils ont vécu leur existence et ont joui de leur part de vie céleste, mais ils ne sont pas qualifiés pour gravir les hauteurs sublimes du progrès spirituel ultérieur. Toutefois leurs qualités acquises les amèneront à s'incarner de nouveau et à vivre sur les plans d'existence qui leur sont familiers. Il leur faudra donc attendre, dans l'état spirituel négatif qu'ils ont atteint, que ces plans d'existence reprennent leur activité dans *le prochain Manvantara planétaire.* La durée de cette attente est naturellement hors de la portée de l'imagination, de même qu'il est impossible de se faire une idée de la nature précise de cette existence ; mais il était nécessaire de mentionner la grande voie qui passe par cette étrange région de vague semi-activité, pour faire comprendre la symétrie et la perfection de l'ensemble du plan général de l'évolution.

Et maintenant que nous avons envisagé cette

dernière possibilité, le lecteur a devant les yeux un exposé suffisant de l'ensemble du système. Nous avons observé comment la *vie une,* l'Esprit, anime d'abord les formes inférieures de la matière, puis les développe graduellement en formes plus élevées. Lorsqu'enfin elle s'individualise dans l'homme, elle s'élève à travers les incarnations inférieures et irresponsables, jusqu'à ce qu'elle ait pénétré dans les principes supérieurs, façonnant ainsi la véritable âme humaine, maîtresse dès lors de sa propre destinée, bien que protégée au début par des forces naturelles qui préviennent un naufrage prématuré, la stimulent et la raniment au cours de son voyage. Mais l'ultime destin de cette âme est non seulement de devenir un être capable de se conduire soi-même, mais aussi de conduire les autres, de diriger, dans ce que nous nommerons des limites constitutionnelles, les opérations de la nature elle-même. Avant que l'âme ait mérité le droit à cet avancement, il est évident qu'elle doit subir des épreuves prouvant qu'elle possède le contrôle absolu de sa propre conduite. Ce contrôle absolu implique la faculté de faire naufrage. Les protections qui entourent l'Ego pendant son enfance, — l'impossibilité pour lui de pénétrer dans un état plus élevé ou plus bas que les états inter-terrestres de Dévakhan ou d'Avitchi, — lui sont retirées à sa maturité. A ce moment il est maître de sa destinée, non seulement en ce qui concerne les jouissances ou les souffrances transitoires, mais aussi par rapport aux prodigieuses possibilités qui s'offrent à lui dans les deux voies que la vie lui présente. Il aura le choix entre deux manières de saisir ces possibilités plus vastes, entre deux manières de renoncer à la lutte : il pourra atteindre à la spiritualité suprême, soit pour le bien soit pour le mal, et dans ce dernier cas le choix peut avoir pour résultat soit l'anéantissement total, soit l'obligation de recommencer par le commencement le processus éducatif des réincarnations.

Annotations.

La condition dans laquelle retombent les monades qui, au cours de l'évolution, ne réussissent pas à traverser le milieu de la cinquième ronde, et restent, pour ainsi dire, échouées, sur la rive du temps, n'a pas été suffisamment développée dans ce chapitre. Nous n'avons dit que quelques mots au sujet des insuccès de chaque Manvantara, en indiquant qu'ils ne sont pas complètement anéantis lorsqu'ils arrivent au terme de leur existence, mais que leur sort est de rentrer dans le courant de l'évolution après une énorme période d'attente. Cette considération nous suggère plusieurs déductions. La période d'attente qu'auront à subir les insuccès est, disons-le de suite, d'une durée si colossale, qu'elle déconcerte l'imagination. Il faut que les candidats heureux traversent la seconde moitié de la cinquième ronde, puis la sixième et la septième tout entières ; et la durée des dernières rondes est incalculablement plus longue que celle de la période médiane. Vient ensuite l'immense intervalle de repos nirvânique qui termine le Manvantara ; l'infinie Nuit de Brahma, le Pralaya de toute la chaîne planétaire. Ce n'est que lorsque commence le Manvantara suivant, que les insuccès se réveillent de leur formidable trance, — formidable pour l'imagination d'êtres jouissant de la pleine activité de la vie, bien que cette trance, nécessairement inconsciente, ne soit probablement pas plus monotone qu'une nuit de sommeil sans rêves dans les souvenirs d'un homme. En premier lieu leur sort est affligeant, plutôt à cause de ce qu'ils perdent que de ce qu'ils endurent. Néanmoins, et en second lieu, ce sort est triste, à cause des suites qu'il entraîne ; car, lorsqu'ils se réveilleront, ils auront à recommencer tout le labeur de la vie physique, à travers d'innombrables incarnations ; les êtres parfaits qui les ont devancés, dans l'évolution de la cinquième ronde, théâtre de leur insuccès, auront atteint la perfection divine du Dhyan-Choan, pendant que ceux-là étaient en trance ; au lieu d'être les sujets impuissants du prochain Manvantara, ils en seront les génies tutélaires.

Abstraction faite de l'intérêt personnel des entités en question, l'existence des insuccès de la nature, au commencement de chaque Manvantara, contribue beaucoup à la compréhension du système de l'évolution. Tout au début, lorsque la chaîne planétaire est primitivement évoluée du chaos, — s'il nous est permis de nous servir de l'expression « tout au début » dans son sens littéral, car, appliquée à une période quelconque de l'éternité, l'idée de « commencement » n'est qu'une façon de parler, — nous n'avons pas à nous occuper des insuccès. A ce moment la descente de l'esprit dans la matière, à travers les règnes élémental, minéral et autres, suit son cours comme nous l'avons décrit dans les premiers chapitres de ce livre. Mais le cours de l'évolution, depuis le second Manvantara d'une chaîne planétaire, pendant l'activité du système solaire, qui suppose de nombreux Mantanvaras semblables, se poursuit différemment ; — je pourrais même dire plus facilement, en me servant d'une expression familière plutôt que strictement scientifique. De toutes façons, l'évolution se fait plus rapidement, puisqu'il existe déjà des entités humaines prêtes à s'incarner, aussitôt que le monde également existant aura été préparé à les recevoir. La vérité paraît résider en ceci, qu'après le premier Mantanvara d'une série — Manvantara infiniment plus long que ceux qui lui succèdent — aucune des entités, sorties pour la première fois des règnes inférieurs, n'arrive à dépasser le seuil de l'humanité. Les anciens insuccès s'incarnent d'abord, et après eux les entités animales déjà individualisées. Mais si nous les comparons avec les passages de la doctrine ésotérique qui traitent de l'évolution en cours de notre race, ces considérations sur les époques primitives de l'évolution du monde n'ont guère qu'un intérêt purement spéculatif, et je ne saurais pour le présent y rien ajouter d'important.

CHAPITRE IX

LE BOUDDHA

Le Bouddha historique que connaît la doctrine ésotérique, ne fut pas ce personnage dont la naissance est entourée de merveilleux bizarre et naïf par la croyance populaire ; et sa marche vers l'Adeptat ne fut point marquée par les combats miraculeux, mentionnés dans la légende symbolique. D'autre part, l'incarnation qu'on peut appeler exotériquement la naissance du Bouddha, n'est pas considérée par la science occulte comme une naissance semblable aux autres, et le développement spirituel par lequel le Bouddha a passé pendant sa vie terrestre, n'a pas été une simple évolution intellectuelle, telle l'histoire mentale d'un philosophe quelconque. L'erreur que commet la généralité des écrivains européens, en traitant un problème de ce genre, est de considérer la légende exotérique soit comme le récit d'un miracle sans importance, soit comme un pur mythe, qui entourerait d'un décor fantastique une vie remarquable.

Mais cette vie, toute remarquable qu'elle soit, on ne la conçoit que conforme aux théories scientifiques de ce siècle. Les chapitres précédents du présent exposé nous mettront à même de comprendre l'explication fournie par la doctrine ésotérique au sujet du vrai Bouddha, qui naquit, ainsi que les recherches modernes l'ont parfaitement établi, 643 ans avant l'ère chrétienne, à Kapila-Vastou, près de Bénarès.

Les conceptions exotériques, ignorantes des lois qui régissent les plans supérieurs de la nature, n'expliquent la majesté anormale qui s'attache à une naissance particulière, qu'en supposant que le corps physique du personnage en question a été engendré par un miracle. De là la légende populaire que l'incarnation du Bouddha dans ce monde fut le résultat d'une conception immaculée. La science occulte ne connaît pas, pour la production d'un enfant physique, d'autre procédé, que celui des lois physiques ; par contre, elle sait beaucoup de choses au sujet des limites dans lesquelles la *Vie Une*, la « Monade Spirituelle » en évolution, le fil qui relie toute une série d'incarnations peut choisir un corps spécial d'enfant pour demeure terrestre. Ce choix, dans le cas de l'humanité courante, est déterminé par l'opération de Karma ; en ce qui concerne l'Ego spirituel il se fait inconsciemment à sa sortie de Dévakhan. Mais dans les cas anormaux, là où la Vie Une a déjà pénétré dans le sixième principe, — c'est-à-dire lorsque l'homme est devenu un adepte, capable de diriger son Ego spirituel, en pleine connaissance de cause, lorsqu'il quitte, soit temporairement soit d'une manière définitive, le corps dans lequel il s'est élevé jusqu'à l'Adeptat, — il est parfaitement en son pouvoir de choisir sa prochaine incarnation. Il s'élève déjà pendant sa vie au-dessus de l'attraction dévakhanique. Il devient l'une des forces directrices conscientes du système planétaire auquel il appartient ; et si grand que soit ce mystère de la réincarnation sélective, son application ne se borne pas aux cas extraordinaires, tels que la naissance d'un Bouddha. Les adeptes élevés de nos jours reproduisent fréquemment ce phénomène ; et alors qu'une grande partie de la mythologie orientale populaire est soit fiction pure, soit simple symbole, les réincarnations des Dalai et Teshu Lamas du Thibet sont des faits absolument scientifiques: ils ne provoquent cependant que le sourire des explorateurs, par suite du défaut de connaissances nécessaires pour discerner la réalité de la fiction. Dans ce cas l'adepte indique d'avance dans quel corps d'enfant il doit renaître, en donnant le lieu et l'heure de la naissance, et il est bien rare qu'il se trompe. Je dis rarement, car il y a des accidents de nature physique, qu'il n'est pas toujours donné d'éviter ; il n'est pas absolument certain non plus que, malgré toute la prescience de l'adepte, l'enfant qu'il choisit pour se réincarner atteigne heureusement la maturité physique. Pendant qu'il *habite un corps*, l'adepte est relativement impuissant. Hors du corps, il est ce qu'il a toujours été depuis qu'il est devenu adepte ; mais, en ce qui concerne le nouveau corps qu'il a choisi pour demeure, il faut qu'il grandisse suivant le cours normal de la nature, que l'adepte fasse son éducation par les procédés ordinaires, et l'initie à l'Adeptat suivant la méthode occulte consacrée, avant de posséder encore une fois un corps préparé pour l'œuvre occulte sur le plan physique. Il est vrai que tous ces procédés sont grandement simplifiés par la force spirituelle spéciale qui agit en lui ; mais de prime abord, l'âme de l'adepte se trouve certainement gênée et entravée dans le corps de l'enfant. Le lecteur se ferait une fausse idée de la situation, en supposant que l'adepte recherche comme un plaisir la réincarnation que nous venons de décrire.

La naissance du Bouddha fut un mystère de cet ordre et il est aisé, à l'aide des éclaircissements que nous avons donnés, de suivre la légende populaire de son origine miraculeuse, en suivant les détails symboliques jusqu'aux faits vrais, même dans quelques-unes des fables les plus grotesques. Aucun, par exemple, ne ressemblera moins à un fait scientifique que la légende qui représente le Bouddha pénétrant dans le flanc de sa mère sous la forme d'un jeune éléphant blanc. Or l'éléphant blanc n'est autre que le symbole de l'Adeptat — un spécimen merveilleux et rare en son espèce.

Il en est de même des autres légendes pré-natales qui appellent l'attention sur le fait que le corps du futur enfant avait été choisi pour la demeure d'un grand esprit déjà doué de sagesse et de connaissances suprêmes. Indra et Brahma vinrent adorer l'enfant à sa naissance, — cela veut dire que les forces de la nature étaient déjà soumises à l'Esprit qui habitait en lui. Les trente-deux caractéristiques d'un Bouddha, que la légende décrit avec un curieux symbolisme physique, ne sont autre chose que les différents pouvoirs de l'adepte.

Le corps connu d'abord sous le nom de Siddartha, puis, ensuite, sous celui de Gautama, fils de Souddhodana, de Kapila-Vastou, et choisi pour être la demeure humaine de l'esprit radieux qui s'était soumis à la réincarnation dans le but d'instruire l'humanité, ne *fut pas* l'un de ces insuccès dont nous venons de parler ; au contraire, ce choix, sous tous les rapports, fut des plus heureux, et rien ne vint entraver le nouveau corps du Bouddha dans la réalisation de son Adeptat. Le récit populaire de ses luttes ascétiques et de ses tentations sous l'arbre Bô n'est naturellement rien de plus que la version exotérique de son initiation.

Depuis cette période sa mission fut double ; il eut à réformer et à corriger la morale du peuple, ainsi que la science des adeptes, — car l'Adeptat lui-même est sujet aux changements cycliques et a besoin de nouvelles impulsions périodiques.

L'élucidation de cette branche du sujet, en termes précis, sera non seulement importante en elle-même, mais elle intéressera ceux qui étudient le Bouddhisme exotérique, en jetant quelque lumière sur les complications embarrassantes de la difficile « doctrine du Nord ».

Un Bouddha visite la terre pour chacune des sept races de la grande période planétaire. Le Bouddha, dont il est question ici, était le quatrième de la série, et c'est pourquoi il est le quatrième dans la liste donnée par M. Rhys Davids d'après Burnouf, — qu'il cite pour illustrer la façon dont il suppose que la doctrine du Nord a été exagérée par des absurdités et des subtilités métaphysiques, étouffant la simple morale qui est l'essence même du Bouddhisme populaire. Le cinquième, ou le Maitreya Bouddha, viendra après la disparition finale de la cinquième race et lorsque la sixième aura déjà été établie sur cette terre depuis quelques centaines de mille ans. Le sixième paraîtra au commencement de la septième race, et le septième lorsque celle-ci sera près de sa fin.

Il semblerait, à première vue, que cette disposition ne s'harmonise pas avec le plan général de l'évolution humaine. Nous voici dans le milieu de la cinquième race, et cependant ce n'est que le quatrième Bouddha qui s'est identifié avec elle, tandis que le cinquième ne paraîtra que lorsque la cinquième race sera complètement éteinte. Nous en trouvons toutefois l'explication dans le plan général de la cosmogonie ésotérique. Lorsque l'obscuration se termine, au commencement de chaque grande période planétaire, et que la vague humaine dans son progrès autour de la chaine des mondes atteint un globe où, depuis des milliards d'années, il n'existait pas d'humanité, un instructeur devient nécessaire au début, pour la nouvelle moisson d'humanité qui est sur le point d'y germer. N'oublions pas que l'évolution préliminaire des règnes minéral, végétal et animal a suivi son cours afin de préparer la voie pour la prochaine nouvelle ronde. La première race de la nouvelle série commencera à évoluer dès l'arrivée du courant vital, dans les espèces du « chaînon manquant ». Alors l'Etre qu'on peut considérer comme le Bouddha de la première race, fait son apparition. L'esprit planétaire, ou Dhyan-Choan, qui est, — ou plutôt, pour éviter de suggérer une idée erronée en nous servant du singulier, disons, au mépris de la grammaire, qui *sont* — le Bouddha dans toutes ses ou toutes leurs manifestations, s'incarne parmi les jeunes et innocents avant-coureurs de la nouvelle humanité et inculque les premiers éléments du bien et du mal, ainsi que les vérités premières de la doctrine ésotérique, à un nombre suffisant d'esprits capables de les recevoir, afin d'assurer la transmission des idées ainsi implantées à travers les générations successives, dans les millions d'années qui suivront, jusqu'à ce que la première race ait achevé

son cours. C'est cette apparition de l'Etre divin
sous une forme humaine, au début de la ronde,
qui est le point de départ de l'indéracinable
croyance en un Dieu anthropomorphe de toutes les
religions exotériques.

Le premier Bouddha de la série, dans laquelle
le Gautama Bouddha est placé au quatrième rang,
est donc la seconde incarnation d'Avalokétiswara,
— nom mystique donné aux légions des Dhyan-
Choans, ou Esprits planétaires, appartenant à notre chaîne planétaire — et, quoique Gautama soit
ainsi la quatrième incarnation de la Sagesse, suivant les calculs exotériques, il est en réalité le
cinquième de la véritable série, et appartient par
conséquent, à notre cinquième race.

Ainsi que nous venons de le dire, Avalokétis-
wara est le nom mystique donné aux légions des
Dhyan-Choans ; le vrai sens de ce mot est : la
Sagesse Manifestée ; au lieu que Addi-Bouddha et
Amitabha veulent dire, tous les deux, la Sagesse
Abstraite.

La doctrine rapportée par M. Davids, suivant
laquelle chaque Bouddha terrestre possède sa
contrepartie pure et glorieuse dans le monde mystique, affranchie des conditions dégradantes de
notre vie matérielle, — ce qui revient à dire que
le Bouddha sous l'enveloppe matérielle n'est
qu'une apparition, un reflet, une émanation ou un
type d'un Dhyani-Bouddha, — est parfaitement
correcte ; le nombre des Dhyani-Bouddhas ou des

Dhyani-Choans, ou Esprits planétaires (esprits humains parfaits d'une autre période mondiale) est infini ; mais, pratiquement, il n'y en a que cinq qui soient connus dans l'enseignement exotérique et sept dans l'enseignement ésotérique ; n'oublions cependant pas que cette connaissance est une façon de parler qu'il ne faut pas prendre à la lettre, car, dans la haute vie spirituelle en question, il y a une unité qui ne laisse aucune place pour l'isolement de l'individualité. Nous voyons que tout est en parfaite harmonie avec les révélations sur la nature exposées dans les chapitres précédents, et ne doit par conséquent pas être attribué à quelque déséquilibrée d'imagination mystique. Les Dhyani-Bouddhas, ou Dhyani-Choans, sont des hommes qui ont atteint la perfection dans les époques manvantariques précédentes, et leur *intelligence collective* est désignée sous le nom « d'Addi-Bouddha », que Mr. Rhys Davids a tort de traiter comme une invention relativement récente des Bouddhistes du Nord. La signification d'« Addi-Bouddha » est : la Sagesse Primordiale, et les plus anciens livres sanscrits en font mention. Par exemple : dans le commentaire philosophique du « Mandukya Upanishad » de Gaudapatha, auteur sanscrit contemporain du Bouddha lui-même, cette expression revient constamment, et il lui donne exactement le même sens que nous lui avons attribué. Un Hindou de mes amis, pandit Brahmane de haute valeur et sanscritiste de premier ordre, m'a montré une copie de cet ouvrage qui, à sa connaissance, n'a encore jamais été traduit en anglais, en appelant mon attention sur une phrase se rattachant au présent sujet, et dont il me donna la traduction suivante : « En réalité Prakriti elle-même est Addi-Bouddha, et tous les Dharmas ont existé de toute éternité. » Gaudapatha était un philosophe célèbre et respecté de toutes les sectes hindoues et bouddhistes. Il était le *guru*, ou maître spirituel, du premier Sankaracharya, dont j'aurai bientôt à parler plus longuement.

Au moment de l'incarnation du Bouddha, l'Adeptat ne constituait pas la hiérarchie solide et unie qu'elle devint grâce à son influence. Aucune époque du monde n'a manqué d'adeptes ; mais ils ont été parfois disséminés sur la terre ; quelquefois isolés, dans des retraites séparées, s'attachant à une contrée ou à une autre ; et enfin notons que leurs connaissances et leurs pouvoirs n'ont pas été constamment inspirés par la morale sévère et élevée que le Bouddha inculqua à leur organisation postérieure. Grâce à lui, la réforme du monde occulte fut réellement le fruit de son grand sacrifice, de l'abnégation qui le poussa à renoncer aux béatitudes du Nirvâna, auxquelles il avait pleinement droit après sa carrière terrestre comme Bouddha. Il subit de nouvelles incarnations, afin d'achever sa tâche et conféra, par cela même, un bénéfice correspondant à l'humanité. Après son existence comme Gautama Bouddha, le Bouddha se réincarna dans la personne d'un grand philosophe, dont il est peu parlé dans les ouvrages exotériques sur le Bouddhisme, mais il serait impossible de concevoir avec quelque exactitude la position de la science ésotérique dans le monde oriental sans une étude de sa vie, — je veux parler de Sankaracharya. Il est bon de savoir que la seconde moitié de son nom, — acharya — veut simplement dire instructeur. Le nom entier est un titre qui se perpétue de nos jours dans des conditions bizarres, mais ceux qui le portent aujourd'hui, ne sont pas en ligne directe des incarnations spirituelles du Bouddha.

Sankaracharya parut, aux Indes, environ soixante ans après la mort de Gautama Bouddha ; sa naissance n'attira pas l'attention, elle eut lieu, croiton, sur la côte de Malabar. L'enseignement ésotérique maintient simplement que Sankaracharya était réellement le Bouddha, sous tous les rapports sauf qu'il parut dans un corps nouveau. Cette version n'est pas acceptée par les autorités hindoues *non initiées*, qui assignent une date postérieure à l'apparition de Sankaracharya et le considèrent comme un Maître absolument indépendant, voire même opposé au Bouddhisme ; néanmoins les *initiés* de la science ésotérique, qu'ils soient Bouddhistes ou Hindous, maintiennent leur opinion. J'ai reçu les renseignements que je donne ici d'un Brahmane Adwaiti de l'Inde méridionale, — et non directement de mon instructeur Thibétain, —

et il m'assure que tous les Brahmanes initiés sont d'accord avec lui. Quelques-unes des incarnations subséquentes du Bouddha sont encore décrites comme des *adombrements* de l'esprit du Bouddha, mais ce fut dans la personne de Sankaracharya qu'il revint sur cette terre. L'objet qu'il avait en vue était de combler quelques lacunes et de corriger quelques erreurs de son enseignement antérieur ; car le Bouddhisme ésotérique ne prétend nullement que même un Bouddha doive être infaillible à chaque étape de sa carrière.

La situation était la suivante : les Brahmanes de l'Inde avaient jalousement conservé jusqu'à la venue du Bouddha les connaissances occultes comme l'apanage de leur seule caste. De temps en temps on consentait une exception en faveur de Kshattryas, mais la règle était au plus haut degré exclusive. Le Bouddha blâma cette règle, et admit toutes les castes à suivre le sentier de l'Adeptat. Ce changement, quoique parfaitement juste en principe, ouvrait la voie à de grosses difficultés, et, au dire des Brahmanes, à la dégradation de la science occulte elle-même, c'est-à-dire qu'il tendait à la confier à des dépositaires indignes, non seulement en raison d'une infériorité de caste, mais à cause de l'infériorité morale qu'ils supposaient devoir être introduite au sein de la fraternité occulte par des frères de naissance inférieure. Le raisonnement des Brahmanes n'affirmait nullement que, parce qu'un homme était

Brahmane, il devait nécessairement être intègre et sûr ; mais leur argument était le suivant : il est absolument nécessaire de refuser les secrets et les pouvoirs de l'initiation à tous ceux qui ne sont pas intègres et sûrs. A cet effet, il fallait non seulement les soumettre à toutes les épreuves et à tous les examens imaginables, mais encore n'accepter que les candidats de la caste, qui, en raison de ses prérogatives héréditaires, constituait la meilleure pépinière pour les former.

L'expérience ultérieure a prouvé sans conteste que les Brahmanes n'avaient pas tort, et l'incarnation du Bouddha qui suivit, en celle de Sankaracharya, en est un aveu ; mais pendant son séjour dans la personnalité de Sankaracharya, le Bouddha s'occupa par avance d'apaiser les dissensions sectaires de l'Inde qu'il prévoyait imminentes. L'opposition active des Brahmanes contre le Bouddhisme commença au temps d'Asoka, lorsque les grands efforts de ce monarque pour répandre le Bouddhisme provoquèrent parmi les Brahmanes la crainte de voir baisser leur ascendant social et politique. Il ne faut pas oublier que les initiés ne sont pas toujours exempts des défauts de leurs propres individualités. Parce qu'ils possèdent *quelques-uns* des attributs divins, ceux dont l'intuition découvre ces vertus sont aisément conduits à les croire trop parfaitement affranchis des faiblesses humaines. L'initiation et les connaissances qu'ils partagent en commun, sont certainement un

trait d'union entre les adeptes de toutes les na-
tionalités, et ce lien est infiniment plus fort que
tous les autres. Mais l'expérience a plus d'une
fois montré qu'il ne suffisait pas toujours à effacer
toutes les différences. Ainsi les initiés Bouddhistes, pendant la période en question, n'étaient pas
du tout d'accord sur tous les points avec les Brahmanes, et ceux-ci condamnèrent résolument la réforme bouddhiste *sous son aspect exotérique*.
Chandragupta, l'aïeul d'Asoka, était un parvenu,
et sa famille était de la caste des Sudras. C'était
assez pour rendre sa politique bouddhiste inac-
ceptable aux représentants de la religion brahmane orthodoxe. La lutte prit une forme aiguë
dont l'histoire ne nous donne que de rares détails.
Le parti du Bouddhisme primitif fut complètement vaincu, et l'ascendant des Brahmanes entièrement rétabli sous Vikramaditya, environ quatre-
vingts ans avant l'ère chrétienne. Mais Sankaracharya avait parcouru toute l'Inde en prévision de
la grande lutte, et fondé divers *mathams*, ou écoles
philosophiques, dans plusieurs centres importants.
Il ne consacra à cette œuvre que quelques années,
mais l'influence de son enseignement fut si considérable que son étendue même dissimula les changements qu'il avait introduits. Il amena l'harmonie complète entre l'Hindouisme exotérique et la
« religion de la sagesse » ésotérique, et laissa le
peuple continuer à s'amuser de ses anciens my-
thes, mais en lui donnant des instructeurs philoso-

phiques qui étaient, de fait, des Bouddhistes ésotériques, bien que réconciliés avec ce qu'ils ne pouvaient supprimer du Brahmanisme. La grande erreur de l'Hindouisme exotérique primitif était son attachement au vain cérémonial, ainsi que son affection pour les conceptions idolâtres des divinités du panthéon Hindou. Dans ses commentaires des Upanishads et dans ses ouvrages originaux, Sankaracharya prôna la nécessité de poursuivre *jnanam* pour atteindre *moksha*, c'est-à-dire l'étude de la science secrète pour atteindre à la consommation du progrès spirituel. Il devint le fondateur du système Védanta (le sens exact de Védanta est « but final » ou sommet de la sagesse), quoiqu'il ait tiré les preuves de ce système des œuvres de Vyasa, l'auteur du « Mahabbarata », des « Pouranas » et des « Brahmasutras ». Je m'empresse de dire, pour l'intelligence du lecteur, que les faits que j'expose ne sont pas le fruit de mes propres investigations, je ne suis pas assez versé en orientalisme pour le faire, mais je les donne sous l'autorité d'un Brahmane initié, qui est en même temps un occultiste et un sanscritiste de premier rang.

De nos jours, l'école védantine se confond presque avec l'Hindouisme, exception faite de quelques sectes telles que les Sikhs, les Vallabacharyas, ou secte du Maharajah, de triste réputation ; elle se divise en trois grandes branches, — les Adwaiti, les Vishishta Adwaiti et les Dwaiti. Le résumé de la doctrine Adwaiti est que *Brahman* ou *Pourousha*, l'esprit universel, n'agit qu'au travers de *Prakriti*, la matière, et que toutes choses sont ainsi produites par l'énergie inhérente à la matière. Brahmum, ou Parabrahm, est donc un principe actif, incompréhensible et inconscient, tout en étant l'essence, l'unique vie, ou force de l'univers. Cete doctrine est ainsi identique au matérialisme transcendantal de la philosophie ésotérique bouddhiste des adeptes. Le mot Adwaiti veut dire *non double*, et s'applique d'une part à la non-dualité ou unité de l'esprit universel, ou *Vie Une* des bouddhistes, opposée à la notion de son opération au travers d'émanations antropomorphes ; et, d'autre part, à l'unité de l'esprit universel et de l'esprit humain. La conséquence naturelle de cette doctrine est que les Adwaitis considèrent que la doctrine bouddhiste de Karma, relative à la destinée future de l'homme, repose entièrement sur les causes qu'il a lui-même engendrées.

Les Vishishta Adwaitis modifient ces notions par l'intervention de Vishnou comme déité consciente, émanation primordiale de Parabrahm ; Vishnou est ainsi considéré comme un dieu personnel et capable d'intervenir dans le cours de la destinée de l'homme. Ils ne considèrent pas *yog*, ou l'entraînement spirituel, comme la véritable voie de l'avancement spirituel, mais maintiennent qu'on peut l'atteindre, surtout en cultivant *Bhakti*, ou la dévotion. Exprimée sommairement en termes de la théologie européenne, on peut dire que

la doctrine des Adwaitis enseigne le salut par les
œuvres, et la doctrine des Vishishta Adwaitis, par
la grâce.

Les Dwaitis diffèrent fort peu des Vishishta Adwaitis, ne faisant qu'affirmer plus énergiquement,
par la désignation qu'ils ont adoptée, la dualité
de l'esprit humain et du principe supérieur de l'univers, tout en y ajoutant l'observation de nombreuses cérémonies, comme faisant partie essentielle de
Bhakti.

Mais n'oublions pas que toutes ces divergences
d'opinion ne concernent que des variations exotériques de l'idée fondamentale enseignée par les
différents instructeurs, et n'expriment leurs opinions divergentes qu'au sujet des capacités du
peuple à s'assimiler les idées transcendantes. Tous
les Védantins éclairés entretiennent le plus grand
respect pour Sankaracharya et les mathams qu'il
fonda, et leur croyance intime est en tous points
identique à celle de la doctrine ésotérique. De
fait, les initiés de toutes les écoles aux Indes sont
solidaires les uns des autres. Sauf en ce qui concerne la nomenclature, tout le système de la cosmogonie, tel que le comprennent les Arhats Boud-
histes, que nous avons exposé dans ce volume, est
revendiqué également par les Brahmanes initiés,
et était enseigné par eux avant la naissance du
Bouddha. De qui ont-ils reçu cet enseignement?
se demandera le lecteur. La réponse est : de l'Esprit planétaire, ou Dhyan-Choan, qui le premier

visita notre planète à l'aurore de la race humaine dans la ronde actuelle, — il y a plus de millions(?) d'années que je ne saurais conjecturer en l'absence de chiffres exacts.

Sankaracharya fonda quatre mathams principaux : celui de Sringari, dans l'Inde méridionale, qui a toujours été considéré comme le plus important ; celui de Jaggernatt, en Orissa ; celui de Dwaraka, dans Kathiawar et celui de Gungstri au Nord, sur le versant de l'Himalaya. Le chef du Temple de Sringari a toujours porté le nom de Sankaracharya, accolé à un autre nom personnel. Ces quatre centres en formèrent d'autres et il existe aujourd'hui des mathams dans l'Inde entière, qui exercent une influence prépondérante sur l'Hindouisme.

J'ai dit que le Boudha, dans sa troisième incarnation, admettait que, par excès de confiance, mû par un désir ardent de perfectionner la nature humaine, il avait ouvert trop grandes les portes du sanctuaire occulte. Cette troisième apparition eut lieu dans la personne de Tsong-ka-pa, le grand réformateur thibétain du XIV° siècle. Son séjour dans cette personnalité fut occupé exclusivement par les affaires de la fraternité des adeptes qui, à ce moment, se concentraient surtout dans le Thibet.

De temps immémorial il a existé au Thibet un certain district secret qui, jusqu'à nos jours, est totalement inconnu et inabordable, sauf pour les personnes initiées, inaccessible aussi bien aux gens du pays qu'aux étrangers, et où les adeptes se sont toujours réunis. Toutefois, cette contrée au temps du Bouddha n'était pas le séjour choisi par la grande confrérie, ainsi qu'elle l'est devenue depuis. Les Mahatmas étaient auparavant beaucoup plus disséminés, par le monde, qu'ils ne le sont aujourd'hui. Le progrès de la civilisation qui engendre ce magnétisme qui leur est si pénible, avait déjà, à l'époque dont nous parlons, — le XIVe siècle, — provoqué l'exode vers le Thibet, des occultistes disséminés. On s'aperçut que la science et les pouvoirs occultes étaient alors plus répandus qu'il n'était prudent pour la sécurité de l'humanité. Tsong-ka-pa prit sur lui de les placer sous le contrôle d'un système de lois sévères et de règles rigides.

Sans rétablir l'ancien système sur la base injuste de l'exclusion des castes, il élabora un code de règles pour servir de guide aux adeptes, dont l'effet fut de bannir hors de la confrérie occulte tous ceux qui ne rechercheraient pas l'étude de la science occulte dans un esprit de dévotion absolue aux principes de la plus sublime morale.

Un article du *Theosophist* de mars 1882, sur les « Réincarnations au Thibet », auquel j'accorde la plus entière confiance pour tout ce qui regarde les choses mystiques, contient un grand nombre de renseignements importants sur le sujet qui nous occupe, ainsi que sur les rapports existant entre le Bouddhisme ésotérique et le Thibet, qu'on ne saurait étudier de trop près si l'on désire pénétrer jusqu'au fond la signification réelle du Bouddhisme.

Nous y lisons que : « Le système régulier des incarnations « Lamaïques » de « Sanghyas » ou du Bouddha, commença avec Tsong-ka-pa. Ce réformateur n'est pas, comme on le suppose généralement, l'incarnation d'un des cinq Dhyans ou Bouddhas célestes, dont on attribue la création à Çakya-Mouni après son ascension en Nirvâna, mais bien celle d'Amita, une des appellations chinoises du Bouddha. Les archives conservées dans le Gon-pa (lamaserie) de Tda-shi Hlum-po (en anglais, *Teshu-Lumbo*) montrent que Sanghyas s'était réincarné lui-même en Tsong-ka-pa, pour remédier à la profonde décadence dans laquelle ses doctrines étaient tombées. Jusqu'alors, il n'y avait pas eu d'autres incarnations que celles des cinq Bouddhas célestes, ou de leurs Boddhisatvas, chacun des premiers ayant créé (il faut lire « adombré de leur sagesse spirituelle ») cinq des seconds... C'est parce que, entre bien d'autres réformes, Tsong-ka-pa avait interdit la nécromancie (pratiquée aujourd'hui avec les rites les plus répugnants par les Bhöns, aborigènes du Thibet (avec lesquels ont toujours fraternisé les Bonnets-Rouges ou Shammars) que ceux-ci rejetèrent son autorité. Cet acte fut suivi d'un schisme entre les

deux sectes. Se séparant complètement des Gya-
lukpas, les Dugpas (Bonnets Rouges), dès le début en faible minorité, se répandirent dans différentes parties du Thibet, principalement sur les
frontières, surtout dans le Nepaul et le Boutan.
Mais, tout en conservant une certaine indépen-
dance au monastère de Sakia-Djong, la résidence
thibétaine de leur chef spirituel (?), Gong-ssa
Rimbo-Chay, les Boutans ont été, dès l'origine,
les tributaires et les vassaux des Dalai-Lamas.

« Les Tda-shi Lamas ont toujours été plus puissants et plus considérés que les Dalai-Lamas. Ces
derniers furent créés par le Tda-shi Lama, Na-
bang-lob-sang, la sixième incarnation de Tsong-
ka-pa, qui fut, lui-même, une incarnation d'Ami-
thaba ou du Bouddha. »

D'après certains spécialistes dont la théorie est
exposée longuement par M. Clements Markham
dans son « Récit de la Mission de George Bogle
au Thibet », tandis que les écritures originales
du Bouddhisme étaient transportées à Ceylan par
le fils d'Asoka, le Bouddhisme qui pénétra au
Thibet par les Indes et la Chine, fut graduellement encombré d'une multitude de dogmes et de
spéculations métaphysiques. Voici ce que le professeur Max Mullet dit à ce sujet : « L'élément le
plus important de la réforme du Bouddhisme a
toujours été son code social et moral, et non ses
théories métaphysiques. Ce code moral est en soi
l'un des plus parfaits que le monde ait connus,

et c'est précisément ce bienfait que le Bouddhisme
a introduit au Thibet. » « Ce bienfait », ainsi que
le dit l'article du *Theosophist* que je viens de citer, « s'est conservé et s'est répandu sur le pays
entier, car il n'est pas de nation plus douce, plus
pure, plus simple et craignant plus le péché que
les Thibétains. Malgré cela, le lamaisme populaire,
comparé au vrai Bouddhisme ésotérique ou Arahat du Thibet, présente un contraste aussi frappant que celui qui existe entre la neige souillée
de la grande route de la vallée, et celle qui scin-
tille sur la cime inaccessible d'une haute mon-
tagne. »

Le fait est que Ceylan est saturé de Bouddhisme exotérique, tandis que le Thibet l'est de
Bouddhisme ésotérique. Ceylan s'occupe spécialement, ou presque exclusivement de la morale,
et le Thibet ou, pour mieux dire, les adeptes du
Thibet, de la science du Bouddhisme.

Les explications ci-dessus ne sont qu'un aperçu
de l'ensemble. Je n'ai ni l'érudition nécessaire,
ni le temps pour faire un tableau complet des rapports qui subsistent de nos jours entre les vérités profondes du Bouddhisme et de l'Hindouisme.
Je reconnais, en outre, qu'il est fort possible, que
beaucoup d'hommes éclairés et sérieux, après une
étude approfondie du sujet, arrivent à des conclusions qui, *à priori*, sembleront opposées aux
explications que j'ai pu fournir ici. Mais, néanmoins, ces explications m'ont été fournies par des

autorités pour lesquelles ce sujet est aussi familier sous son aspect scientifique qu'ésotérique. Et leur science occulte jette sur toute cette question une telle clarté qu'il leur est impossible d'interpréter faussement les textes, ou de s'égarer sur la valeur exacte de la plus obscure symbologie. Savoir quand le Gautama Bouddha est né, ce qu'on a recueilli de son enseignement, et ce que les légendes populaires ont brodé sur sa vie, c'est ne savoir rien ou presque rien du vrai Bouddha, qui est infiniment plus grand que le réformateur moral de l'histoire ou le demi-dieu fantastique de la tradition. Ce n'est qu'après nous être rendu compte du lien qui existe entre le Bouddhisme et le Brahmanisme, que la sublimité de la doctrine ésotérique se révèlera à nous dans ses véritables proportions.

CHAPITRE X

LE NIRVANA

Si nous avons pu nous assimiler entièrement
l'enseignement ésotérique, nous pourrons maintenant aborder un sujet, que les auteurs exotériques,
traitant du Bouddhisme, ont généralement considéré comme la doctrine fondamentale de cette religion.

Faute d'une meilleure méthode pour se pénétrer de la signification exacte du Nirvâna, les étudiants du Bouddhisme n'ont fait, jusqu'à présent,
qu'analyser le mot, en étudiant ses racines et ses
éléments. On arriverait avec autant de succès à
connaître le parfum d'une fleur en disséquant la
feuille de papier sur laquelle elle est reproduite.
Les esprits imbus des procédés de recherche physique, tels que le sont directement ou indirecte-
ment tous les esprits occidentaux de ce XIXᵉ siècle,
ont peine à se faire une idée du premier état spirituel, après cette vie, c'est-à-dire celui de Dévakhan. Les conditions de cette existence ne sont

qu'en partie accessibles à l'intelligence et exigent
une faculté plus élevée pour les comprendre ; il
est donc d'autant plus difficile de les expliquer à
l'aide du langage. C'est en éveillant dans son disciple cette faculté supérieure, et le mettant ensuite
en mesure de juger par lui-même, que le maître
occulte procède envers son élève en pareille cir-
constance.

Or, il y a comme d'habitude *sept* états de Dévakhan, adaptés aux divers degrés d'avancement
spirituel des candidats à cet état ; il existe des *rupa*
et *arupa locas* en Dévakhan, — c'est-à-dire des
états permettant la conscience (subjective) de la
forme et d'autres états qui dépassent cette conscience. Et, cependant, l'état Dévakhanique le plus
élevé dans *l'arupa loca* n'est rien en comparaison
de cette merveilleuse condition de pure spiritualité
qu'on nomme le Nirvâna.

Lorsqu'au cours ordinaire de la Nature, pendant
une ronde, la monade spirituelle a parcouru son
immense voyage depuis la première planète jusqu'à la septième et qu'elle y a achevé momentanément son existence, — c'est-à-dire qu'elle a vécu
sur ces mondes ses nombreuses vies, séparées par
leurs périodes respectives de Dévakhan, — l'Ego
passe dans une condition spirituelle, différente de
l'état Dévakhanique, dans laquelle il se repose,
pendant une durée inconcevable, avant de recommencer son parcours à travers les mondes. Cet
état peut être comparé au Dévakhan de ses états

Dévakhaniques, — pour ainsi dire, une révision de ces états, — une condition aussi supérieure à celles que nous venons de décrire, que l'état Dévakhanique, qui suit une existence terrestre, est supérieur aux aspirations spirituelles semi-développées, ou aux impulsions affectives de la vie terrestre. Cette période, — période intercyclique d'exaltation extraordinaire, comparée aux précédentes, voire même aux conditions subjectives des planètes de l'arc ascendant, quelque supérieures que soient ces dernières par rapport à notre planète, — est connue dans la science ésotérique sous le nom d'état de Nirvâna partiel. Portant notre imagination plus loin encore dans les profondeurs insondables de l'avenir, imaginons que nous touchions au seuil de la période intercyclique de la septième ronde humaine, dans laquelle les hommes seront semblables à des dieux. La dernière, la plus sublime et la plus glorieuse des existences objectives étant achevée, l'être spirituel parfait atteint une condition dans laquelle il perçoit le souvenir complet de toutes ses existences antérieures. Il reverra la série de ses vies objectives, qui lui apparaîtront à ce moment comme de bizarres mascarades ; il pourra étudier dans leurs moindres détails chacune des vies terrestres qu'il aura traversées, en se rendant compte de chacune d'elles et de toutes les choses avec lesquelles elles ont été en rapport, car, en ce qui concerne notre chaîne planétaire, il aura atteint l'omniscience. Ce développe-

ment suprême de l'individualité, est la grande récompense que la Nature réserve, non seulement à
ceux qui y parviennent pour ainsi dire prématuré-
ment, par les luttes relativement brèves, mais
acharnées et terribles qui mènent à l'Adeptat ;
mais aussi à tous ceux qui, par une prépondérance
décisive du bien sur le mal, constante au cours de
toute la série de leurs incarnations, auront traversé
la vallée de l'ombre de la mort au milieu de la cinquième ronde, pour atteindre ce développement
dans les sixième et septième rondes.

Dans la science ésotérique, on nomme cet état
sublime et bienheureux, le seuil du Nirvâna.

Est-il utile d'ajouter quelques mots sur ce qui
suit ? On nous dira qu'aucun état de conscience
individuelle, voire même un sentiment déjà jusqu'à un certain point pénétré de la conscience générale sur ce plan de l'existence, ne peut être comparé, au point de vue de l'exaltation spirituelle,
à cette conscience absolue, où le sentiment d'individualité se fond dans le tout. Ce sont là des mots
qui ont cours parmi nous, mais qui n'ont aucune
signification précise et vivante pour un esprit ordinaire, esclave de son cerveau physique et de l'intelligence née de ce cerveau.

Tous ce que le langage peut nous faire comprendre, c'est que le Nirvâna est un état sublime de
repos conscient dans l'omniscience. Il serait ridicule, après ce que nous venons de dire, d'examiner

les discussions que les spécialistes du Bouddhisme exotérique ont entamées pour savoir si, oui ou non, Nirvâna signifie anéantissement. Aucune image ou périphrase ne saurait décrire les sentiments avec lesquels les initiés de la science ésotérique considèrent une telle question. La peine la plus infamante qu'inflige la loi équivaut-elle aux honneurs suprêmes rendus au plus grand des hommes? Une cuiller de bois est-elle l'emblème de suprême gloire scientifique? De telles extravagances ne représentent que faiblement l'absurdité de la question qui demande si le Bouddhisme prétend que Nirvâna est synonyme d'anéantissement. Notre instructeur nous dit de plus, bien que pour nous cela soit incompréhensible, que l'état de Para-Nirvâna est infiniment plus élevé que celui de Nirvâna. Je ne prétends nullement, pour ma part, attacher un sens quelconque à cette assertion, mais elle nous démontre à quelles hauteurs transcendantes de pensées ce sujet appartient.

Les faits concernant le Bouddha ont donné lieu à une grande confusion au sujet du Nirvâna. On dit qu'il a atteint le Nirvâna, étant encore sur terre ; on dit également qu'il renonça au Nirvâna afin de se soumettre à de nombreuses réincarnations pour le bénéfice de l'humanité. Ces deux données s'accordent parfaitement. Le Bouddha comme *grand* adepte, atteignit naturellement ce qui est le suprême exploit de l'Adeptat sur cette terre, le transfert de son propre Ego spirituel dans la condition ineffable du Nirvâna. Cependant il ne faut pas s'imaginer que n'importe quel adepte puisse entreprendre ce transfert à la légère. Je n'ai pu recueillir que de vagues données sur la nature de ce grand mystère, mais en les assemblant je ne crois pas me tromper en affirmant que cet exploit n'est à la portée que de rares initiés supérieurement doués ; il suppose une suspension totale de la vie du corps pendant une durée de temps auprès de laquelle les plus longs sommeils cataleptiques ne sont que des instants ; et pendant ce temps la décomposition du corps physique est arrêtée par l'effort de toutes les ressources de la science occulte. Malgré cela, la personne qui se soumet à ce procédé court un double danger de perdre l'existence terrestre. Un de ces périls consiste dans le doute qu'une fois que l'Ego a atteint le Nirvâna, il consente à en revenir. Ce retour sera sans doute un grand sacrifice ; il demandera un effort énorme et ne sera inspiré que par le dévouement sublime du voyageur spirituel à l'idée du devoir dans son abstraction la plus pure. L'autre grand danger (en admettant que le sentiment du devoir prédomine sur la tentation de rester, cette tentation, ne l'oublions pas, n'étant aucunement affaiblie par la notion qu'une pénalité s'y puisse attacher) est que, même alors, il reste toujours douteux que le voyageur ait la possibilité de revenir.

Malgré tout cela, beaucoup d'autres adeptes, en dehors du Bouddha, ont accompli ce grand voyage: et d'après le dire de leur entourage, le retour à leur vile prison charnelle (bien noble néanmoins, *ex hypothesi*, comparée à la plupart des autres corps) leur a causé une dépression insurmontable pendant des semaines entières. C'est en vérité une chute par trop grande que de recommencer le cours de la vie physique et de retomber sur la terre, après avoir été en Nirvâna.

La renonciation du Bouddha fut, d'une manière inexplicable, plus grande encore, car il revint du Nirvâna, non seulement par amour du devoir, afin de terminer l'existence terrestre qu'il avait entreprise dans la personnalité du Gautama Bouddha, mais, lorsqu'il eut rempli toutes les clauses que lui imposait ce devoir, et qu'il eut mérité, même dans la plus scrupuleuse appréciation de sa mission achevée le droit au passage en Nirvâna pour d'innombrables aéons, il renonça momentanément, pour une période indéterminée, à cette récompense, afin d'entreprendre une nouvelle série d'incarnations pour le bien de l'humanité en général. Comment l'humanité peut-elle profiter de cette renonciation? demandera-t-on peut-être. Cette question n'est suggérée que par l'habitude enracinée, chez la plupart d'entre nous, d'estimer un bienfait à sa mesure physique, et même d'envisager cette mesure suivant l'appréciation mesquine des choses humaines. Aucun de ceux qui m'auront suivi dans le chapitre précédent, sur le Progrès de l'Humanité, n'ignore quel est le bienfait dont le Bouddha voulait doter l'humanité. La grande question pour lui était nécessairement d'aider le plus grand nombre possible de personnes à traverser la période critique de la cinquième ronde.

Dans la pensée d'un adepte, et à plus forte raison dans celle d'un Boudda, tout, jusqu'à ce moment là n'est qu'une préparation pour la lutte suprême. Le bien-être matériel de la génération actuelle ne compte pour rien dans ce calcul ; la seule chose qui importe pour le moment, c'est de cultiver dans l'humanité les tendances qui permettront à autant d'Egos que possible d'entrer dans une voie karmique pouvant hâter le développement de leur spiritualité dans des naissances ultérieures. Sans doute, les maîtres ésotériques, — les adeptes collaborateurs du Bouddha, — sont convaincus que le fait même de cultiver cette spiritualité diminuera dans une large mesure les misères transitoires des hommes. Et le bonheur de l'humanité, même dans une seule génération, n'est pas une chose qui laisse indifférente la science ésotérique. De sorte que la politique ésotérique ne doit pas être considérée comme si lointaine et nébuleuse qu'elle ne puisse avoir aucun intérêt pour tous ceux qui vivent de nos jours. Le froment donne de bonnes et de mauvaises récoltes ; il en est de même pour la croissance de la spiritualité dans l'humanité ; en tous cas, en Europe, — si nous nous en rapportons à l'expérience des grandes races précédentes pendant les périodes de développement correspondant à celle que nous traversons aujourd'hui, — le grand essor actuel de l'intelligence vers le progrès matériel et physique n'est pas de nature à produire une fructueuse moisson de progrès dans l'ordre spirituel. Pour le moment, la meilleure chance de faire du bien dans les pays où l'essor dont nous parlons est le plus notable, serait de faire comprendre intellectuellement la possibilité et l'importance de la spiritualité, même avant qu'elle ne soit effectivement vécue ; l'essentiel est de retenir l'attention de ce juge clairvoyant mais partial qu'est l'intelligence. Si faibles soient-ils, les succès dans cette direction justifieront les efforts de ceux des guides ésotériques de l'humanité, — en faible minorité, hélas ! — qui estiment qu'ils valent la peine d'être tentés.

Le Nirvâna est donc vraiment le fondement du Bouddhisme ésotérique, de même que celui des études, jusqu'ici mal dirigées, des étudiants exotériques. Le grand but de l'immense évolution humaine est de cultiver les âmes humaines, afin de les préparer à cette condition, encore incompréhensible pour nous. Le grand triomphe de la race actuelle des esprits planétaires qui, eux, ont déjà atteint cette condition, sera d'y amener autant d'Egos qu'ils le pourront. Nous sommes encore loin du moment où nous serons en danger de nous disqualifier définitivement pour ce progrès, mais il n'est pas trop tôt, dès maintenant, pour nous mettre en marche vers le but, d'autant plus que le Karma qui se répercutera à travers nos vies successives, dans cette direction, portera sa propre récompense ; de cette façon, l'étude éclairée des intérêts supérieurs de notre lointain avenir coïncide avec la poursuite de notre bien-être dans la prochaine période dévakhanique, et dans notre prochaine existence terrestre.

Est-ce à dire que si la culture de la spiritualité doit être le grand but que nous devons rechercher, il est indifférent que les hommes le poursuivent sous une forme de religion, plutôt que sous une autre ? C'est précisément cette erreur qu'eut à combattre le Bouddha, dans la personnalité de Sankaracharya, — soit l'antique croyance hindoue que l'on peut atteindre *moksha* par *bhakti*, sans l'intervention de *jnanam*, ce qui revient à dire que le salut s'obtient par les pratiques dévotes, sans souci de la connaissance de la vérité éternelle. Le salut dont il s'agit ne consiste pas à échapper au châtiment, en flattant un potentat céleste, — mais à s'élever à des régions spirituelles si sublimes, que le candidat qui veut les atteindre doit poursuivre ce que nous entendons, généralement par l'omniscience. Par conséquent, il est clair que,

conformément à l'opération constante de la nature, nous ne verrons en aucun cas qu'une personne acquiert la sagesse par la seule raison qu'elle
a été bonne. La bonté et la sagesse suprêmes de
l'homme de la sixième ronde, une fois qu'il y sera
parvenu, éveilleront graduellement en lui les attributs divins et ne pourront elles-mêmes que
croître graduellement ; mais la bonté seule, que
nous voyons si souvent associée aux croyances religieuses les plus absurdes ne saurait conduire à
autre chose qu'à des périodes dévakhaniques d'extase pieuse, mais inintelligente, et aboutira finalement, si ces conditions se répètent pendant de
nombreuses existences, à une sorte d'extinction
sans souffrance de l'individualité au moment de
la crise suprême.

C'est par une poursuite assidue et par un désir
ardent de la vérité spirituelle profonde, et non par
un acquiescement banal, même bien intentionné,
aux dogmes à la mode de l'église voisine, qu'un
homme fera pénétrer son âme dans la sphère subjective, qu'il se préparera à puiser la connaissance
de la vérité dans l'omniscience de son sixième
principe et se réincarnera, en temps voulu, animé
de tendances de même nature.

Aucune idée n'est aussi désastreuse, quant à la
destinée individuelle, pour le progrès humain, que
celle très répandue qu'une religion quelconque,
pratiquée avec conviction, en vaut une autre ;

et que si telle doctrine paraît absurde, lorsqu'on l'examine, il importe peu que la grande majorité des bonnes âme; n'ait pas conscience de son absurdité, pourvi qu'elle continue à la proclamer avec une dévot.on irréprochable. Une religion n'est nullement au;si bonne qu'une autre lors même que chacune d'elles produirait des vies également bonnes. Je préfère toutefois, m'abstenir de critiques au sujet des croyances individuelles, ne voulant faire de ce volume qu'un exposé inoffensif des véritables doctrines ésotériques de l'unique grande religion du monde qui, — offrant sous sa forme populaire une histoire pure de toute effusion de sang, — a vraiment été productrice de vies sans tache, pendant tout le cours de son existence. Toutefois, ce n'est pas en acceptant servilement ses doctrines, qu'il est possible de cultiver le développement de la véritable spiritualité. On ne l'obtient que par le besoin intérieur de vérité, et en sondant et examinant tout ce qui se présente à nous comme article de foi. En Orient, une volonté aussi résolue conduira certainement à l'état de *chéla*, à la poursuite de la vérité et de la science par le développement des facultés internes qui permettent une connaissance certaine. En Occident, où dans l'état actuel du monde, règne l'intellect, on ne peut rechercher et découvrir la vérité qu'au prix de phrases sans fin, de controverses et de disputes.

Mais on peut toujours la chercher, et si ceux qui

le font ne réussissent pas à la saisir, du moins les efforts qu'ils auront faits éveilleront chez eux des instincts qui se développeront et porteront leurs fruits dans l'avenir.

CHAPITRE XI

L'UNIVERS

Dans toute la littérature orientale qui traite de
la constitution du Cosmos, il est fait de fréquentes
allusions aux jours et aux nuits de Brahma, inspir
et expir du principe créateur, périodes de manvantara et celles de pralaya. Cette idée s'est traduite
par diverses mythologies orientales ; mais nous
n'avons pas à nous occuper ici de leur sens symbolique. Le processus auquel cette notion se rapporte n'est, évidemment, que l'alternance d'activité
et de repos, que nous observons à chaque degré
de l'échelle qui va de l'infiniment petit jusqu'à l'infiniment grand. L'homme a son manvantara et
son pralaya toutes les vingt-quatre heures, ses périodes de veille et de sommeil ; la même loi régit
la végétation, d'une année à l'autre, lorsqu'elle
disparaît et renaît avec les saisons. De même, la
terre a ses manvantaras et ses pralayas, quand la
vague humaine s'en approche, parcourt l'évolution
de ses sept races et s'en éloigne de nouveau ; la

plupart des religions exotériques ont confondu ce seul manvantara avec le cycle entier de l'éternité.

Le manvantara majeur de notre chaîne planétaire est celui qui se terminera lorsque le dernier Dhyan-Choan de la septième ronde de l'humanité parfaite passera en Nirvâna. Cette expression, naturellement, a un sens extrêmement élastique, ce qui explique la confusion qui se dégage de tous les traités des religions orientales exotériques. Tous les mots techniques dérivés de la doctrine secrète et introduits dans la littérature populaire, ont, pour l'initié, une signification au moins septuple, tandis que le lecteur non initié, qui croit qu'un mot veut dire une seule chose, et qui cherche toujours à en éclaircir le sens, en collationnant ses acceptations diverses pour en établir la moyenne, se plonge dans un embarras inextricable.

La chaîne planétaire à laquelle nous appartenons, n'est pas la seule qui ait notre soleil pour centre. De même qu'il y a d'autres planètes en dehors de la terre, dans notre chaîne, il y a d'autres chaînes en dehors de la nôtre dans notre système solaire. Le nombre de ces chaînes est de sept, et il arrive un moment où toutes ces chaînes entrent simultanément en pralaya. C'est là un pralaya solaire, et, dans l'intervalle compris entre deux pralayas de cette espèce, le grand manvantara solaire s'étend sur sept pralayas et sept manvantaras de notre chaîne planétaire et de chacune

des autres. Les adeptes eux-mêmes admettent que
la pensée échoue dans l'effort de calculer combien
de nos pralayas s'écouleront, avant que soit la
grande nuit cosmique, pendant laquelle l'immense
ensemble de l'univers, avec ses myriades de systèmes obéissant manifestement à la loi universelle
d'activité et de repos, entrera lui-même en pralaya. Et cependant, d'après la science ésotérique,
ce prodigieux résultat est inévitable.

L'activité évolutive ne recommence pas absolument *de novo*, après le pralaya d'une seule chaîne
planétaire : elle ne fait que reprendre un travail
interrompu. Les règnes végétal et animal, qui
n'avaient atteint qu'un développement partiel à la
fin du dernier manvantara correspondant, ne sont
pas détruits. Leur vie, ou énergie vitale, traverse
une période de sommeil ou de repos ; ils ont aussi,
en quelque sorte, un Nirvâna à eux ; car, pourquoi ces entités embryonnaires et dans l'enfance
n'en auraient-elles pas? Toutes sont engendrées,
comme nous le sommes nous-mêmes, par le même
élément unique. De même que nous avons nos
Dhyan-Choans, ils ont, dans leur règne à eux, des
gardiens élémentals et sont aussi bien guidés, dans
l'ensemble, que la masse de l'humanité. L'élément
unique non seulement remplit l'espace et le constitue, mais il interpénètre aussi chaque atome de
matière cosmique.

Quoique la marche de l'évolution humaine soit

exactement la même pendant la septième et dernière ronde, que pendant les autres, chaque planète, lorsque sonne l'heure du pralaya solaire, est anéantie, au lieu de passer simplement du visible à l'invisible, au fur et à mesure du départ des êtres humains. Au début de la septième ronde du manvantara de la septième chaîne planétaire, tous les règnes touchant à ce moment à leur dernier cycle, il ne reste sur chaque planète, après le départ de l'homme, que la *Mayâ* des formes jadis vivantes. A chaque étape de l'homme sur les arcs descendants et ascendants, dans son parcours d'un globe à l'autre, la planète qu'il abandonne se transforme en une coque chrysalidale vide.

Lorsque l'homme quitte une planète, chaque règne se vide de ses entités. Attendant l'heure de passer dans des formes plus élevées, celles-ci sont néanmoins libérées et reposent dans l'espace en leur trance léthargique, jusqu'à ce que le prochain manvantara solaire les rappelle à la vie, au début de l'évolution suivante. Les anciens élémentals restent à l'état de repos, jusqu'à ce que, à leur tour, ils soient appelés à devenir les corps des entités minérales, végétales et animales qui, sur une autre chaîne de globes plus élevés, poursuivront leur évolution vers l'humanité ; tandis que les entités germinales des formes inférieures, — dont il ne restera que fort peu à ce moment, — flotteront dans l'espace, comme des gouttes d'eau subitement congelées. Le premier souffle tiède du prochain manvantara solaire les fera fondre, et ils formeront l'âme des globes futurs. Le lent développement du règne végétal aura été permis, jusqu'à l'époque dont nous parlons, par le repos interplanétaire plus longtemps prolongé de l'humanité. Au moment du pralaya solaire, toute l'humanité purifiée passe en Nirvâna, pour renaître, après le Nirvâna intersolaire, sur des systèmes plus élevés. Les chaînes de mondes sont détruites et disparaissent ainsi qu'une ombre sur la muraille, quand la lumière s'éteint. Les adeptes nous disent : « Tout nous indique qu'un de ces pralayas solaires a lieu en ce moment, tandis que deux autres pralayas mineurs se terminent d'un autre côté. »

Au début du nouveau manvantara solaire, les éléments jusqu'alors subjectifs des mondes matériels, disséminés dans la poussière cosmique, recevant une impulsion des nouveaux Dhyan-Choans du nouveau système solaire (les plus élevés des anciens ayant reçu une mission plus haute), s'organisent en grandes vagues de vie, et, se séparant en centres différentiels d'activité, constituent dans leur ensemble une échelle évolutive septénaire. Comme tous les autres globes de l'espace, notre globe traverse une gamme de sept degrés de densité, avant d'atteindre son dernier degré de matérialité. L'astronome français Flammarion, dans un ouvrage intitulé : *La Résurrection et la fin des*

Mondes, a approché de la conception de cette ultime matérialité. On me dit que la réalité est à peu près telle qu'il la suppose, sauf quelques légères modifications. Par suite de ce qu'il appelle un refroidissement séculaire, mais qui n'est que la conséquence de la vieillesse et la diminution de la puissance vitale, la solidification et le desséchement de la terre atteindront enfin un point où le globe entier passera à l'état de congloméré friable. Sa période d'enfantement est passée ; sa progéniture est élevée ; le terme de son existence est arrivé. La masse qui la constitue cesse d'obéir aux lois de cohésion et d'agrégation qui la maintenaient réunie. Et, ainsi qu'un cadavre abandonné au travail de la destruction, laisse chaque molécule qui le compose libre de se séparer du corps et d'obéir, à l'avenir, à l'influence d'impulsions nouvelles, « l'attraction de la lune », ainsi que le dit M. Flammarion, « se chargerait elle-même de la tâche de destruction, en provoquant, au lieu d'une vague liquide, un raz de marée des particules terrestres. » Cela ne veut pas dire que la science occulte adopte cette dernière hypothèse, sauf en tant qu'elle sert à illustrer la perte de cohésion moléculaire de la matière terrestre.

La physique occulte passe franchement dans le domaine de la métaphysique, lorsque nous cherchons à nous expliquer les nouveaux débuts de l'évolution après un pralaya universel.

L'unique chose éternelle et impérissable, dans l'univers, sur laquelle même les pralayas passent sans la détruire, est ce que nous pouvons nommer indifféremment l'espace, la durée, la matière ou le mouvement ; non pas quelque chose qui possède ces quatre qualités, mais qui est ces quatre choses simultanément, et à jamais. Or, l'évolution prend naissance dans la polarité atomique engendrée par le mouvement. Les forces positive et négative, ou autrement dit les forces active et passive, correspondent dans la cosmogonie aux principes mâle et femelle. L'afflux spirituel se revêt du voile de la matière cosmique ; le principe actif est attiré par le principe passif, et s'il nous est permis d'aider l'imagination par un emprunt à l'ancienne symbologie occulte, nous dirons que le Grand Nag, le serpent, emblème de l'éternité, attire sa queue vers sa gueule, formant ainsi le cercle de l'éternité, ou pour mieux dire, des cycles dans l'éternité. L'attribut principal et unique du principe spirituel universel, producteur inconscient mais toujours actif de vie, est de s'épandre et de semer ; celui du principe universel matériel est de recueillir et de féconder. Inconscients et non-existants lorsqu'ils sont séparés, ils produisent, par leur rapprochement, la conscience et la vie. Le mot Brahma, vient de la racine sanscrite *brih,* qui veut dire : s'épandre, croître ou fructifier, et la cosmogonie ésotérique n'est que la force vivifiante d'expansion de la Nature dans son éternelle évolution. Aucune expression n'a plus contribué à égarer la pensée humaine, dans ses spéculations sur l'origine des choses, que le mot de « Création ». Lorsque nous disons création, nous allons continuellement à l'encontre des faits. Mais dès que nous nous rendons compte que nous-mêmes et notre planète ne sommes pas plus une création que ne l'est un iceberg, mais implement une condition de l'être pendant un temps déterminé ; que notre apparence actuelle, géologique ou anthropologique, est transitoire et n'est qu'une condition temporaire du stade d'évolution qu'il a atteint : nous aurons préparé la voie à un raisonnement correct. Nous comprendrons alors ce qu'on entend par le seul et unique principe ou élément universel, et nous aurons l'explication de l'épithète d'androgyne qui lui a été appliquée ; nous verrons pourquoi aussi la philosophie hindoue proclame que toutes choses ne sont que Mayâ, — conditions transitoires — sauf l'unique élément qui n'entre en repos que pendant les maha-pralayas, — les nuits de Brahma.

Peut-être nous sommes-nous plongés assez avant dans le mystère insondable de la grande Cause Première. Il n'y a rien de paradoxal à dire que c'est par pure ignorance que les théologiens croient être si bien renseignés sur Dieu. Nous n'exagérons pas, non plus, en affirmant que les représentants merveilleusement doués de la science occulte, dont la nature mortelle est si pure et si élevée que leurs connaissances portent sur d'autres mondes et sur d'autres existences, ce qui leur permet de communiquer avec des êtres qui sont relativement au commun des mortels, ce que l'homme est relativement à l'insecte des champs ; nous n'exagérons pas en affirmant, disons-nous, qu'ils ne s'occupent jamais de conceptions ayant une ressemblance, même lointaine, avec le Dieu des Eglises et des croyances religieuses. L'adepte sait pertinemment que, dans la limite du système solaire, toutes choses sont explicables par des lois qui régissent les diverses formes de la matière, lois auxquelles il faut ajouter l'influence active et directrice des plus hautes intelligences du système solaire, des Dhyan-Choans, ou entités humaines parvenues à la perfection dans le manvantara précédent. Ces Dhyan-Choans, ou Esprits planétaires, sur la nature desquels il est inutile de disserter jusqu'à ce que nous puissions comprendre la nature de notre propre existence désincarnée, communiquent une telle impulsion aux mondes qui s'éveillent à l'issue d'un pralaya de chaîne, que l'évolution la ressent jusqu'au terme de son parcours. Les limites de leur action sont celles de la grande Loi naturelle. Il leur est impossible de créer un paradis universel, ou de faire que l'homme naisse suprêmement sage et bon ; ils ne peuvent que mettre en œuvre le principe de l'évolution et il ne leur est pas permis de dénier à l'homme, qui doit être investi du pouvoir de travailler à devenir un Dhyan-Choan, le droit de faire le mal s'il le préfère au bien. Ils ne peuvent pas non plus empêcher que le mal, une fois accompli, produise la souffrance. La vie objective est le terrain dans lequel sont ensemencés les germes de vie ; l'existence spirituelle (cette expression, soit dit en passant, n'est employée que par contraste avec la grossière existence matérielle) est la fleur que, finalement, elle produira. Mais le germe humain est autre chose qu'une graine ; il possède le libre arbitre pour s'élever ou s'abaisser, et son développement serait impossible sans la faculté d'exercer cette liberté d'action. Ceci implique la nécessité du mal. Mais dans les limites que suppose logiquement la nécessité, le Dhyan-Choan impose ses conceptions à la vague évolutive et connaît l'origine de tout ce qu'il voit.

Quand nous méditons ainsi sur la grandeur du cycle de l'évolution, telle que nous la présente la science ésotérique, il semble rationnel de remettre à un autre moment toute considération sur l'origine du cosmos. L'homme vivant de la vie terrestre, ayant en perspective des centaines d'existences objectives et des périodes à venir d'inter-incarnation bien plus nombreuses et plus importantes (au point de vue de leur durée et de leur probabilité de félicité ou de souffrance), s'occupera plus avantageusement à des questions ayant un résultat pratique, qu'à essayer de résoudre des problèmes qui, à proprement parler, ne le concernent pas. Certes au point de vue de la théorie religieuse, qui ne repose sur aucune connaissance positive des conditions qui suivent cette vie, rien ne saurait être plus important, ou plus éminemment pratique que de conjecturer les attributs et les intentions probables du terrible et personnel Jéhovah, représenté comme un juge omnipotent, en la présence duquel l'âme doit, après la mort, comparaître en jugement. Mais la connaissance scientifique des choses spirituelles repousse ce jour du jugement à une date infiniment éloignée, après une période remplie d'activités de toute nature. De plus, elle enseigne à l'humanité que certainement, pendant des millions et des millions de siècles à venir, elle ne sera mise en face d'aucun juge, si ce n'est ce juge omniprésent, le septième principe, ou !Esprit Universel, qui existe partout, et qui, agissant sur la matière, provoque l'existence de l'homme lui-même, du monde dans lequel il vit et des conditions futures vers lesquelles il s'achemine. Le septième principe, indéfinissable et incompréhensible pour nous, en l'état actuel de nos connaissances, est, naturellement, le seul Dieu que reconnaisse la science ésotérique et il ne saurait être personnifié, sinon symboliquement.

Et cependant il est vrai que la science ésotérique, qui donne vie et réalité à l'ancien symbolisme d'une part, tout en étant, d'autre part, en conflit avec le dogme moderne, nous montre combien les notions anthropomorphes de la Divinité elles-mêmes, associées, par la tradition ésotérique, avec le commencement du monde, sont loin d'être absolument fabuleuses. L'Esprit planétaire, qui s'incarna réellement parmi les hommes de la première ronde, était le propotype du Dieu personnel, dans tous les développements ultérieurs de cette idée. L'erreur commise par les hommes ignorants de cette question n'est qu'une erreur de degré. Ils ont identifié le Dieu personnel d'un insignifiant manvantara mineur avec le Créateur du Cosmos tout entier, erreur — bien naturelle, chez ceux qui ignoraient de la destinée humaine tout ce qui dépassait une seule incarnation objective — de s'imaginer que tout au delà constituait un avenir spirituel homogène. Le Dieu de cette vie était, naturellement, pour eux le Dieu de toutes les vies, de tous les mondes et de tous les temps.

J'espère que le lecteur ne dénaturera pas ma pensée en s'imaginant que la science ésotérique considère l'Esprit planétaire de la première ronde comme un dieu. Je dis seulement qu'il est intéressé à l'œuvre de la Nature, dans un espace incommensurable, depuis un passé et jusque dans un avenir incommensurables. Les énormes étendues de temps et d'espace dans lesquelles opère notre système solaire, sont explorables pour les adeptes

de la science ésotérique. Et, dans ces limites, ils
savent tout ce qui se passe et comment tout à lieu;
ils savent également que tout est prévu par la volonté constructive de la légion collective des Esprits planétaires, agissant d'après la loi de l'évolution qui régit la Nature entière. Ils sont en com-
munion avec ces Esprits et d'eux ils apprennent
que la loi qui régit notre système solaire en régit
d'autres également, où les facultés perceptives des
Esprits planétaires pénètrent, aussi bien que celles
des adeptes plongent dans la vie des autres planètes
de notre chaîne. La loi d'activité et de repos al-
ternatifs agit partout dans l'univers ; car pour le
Cosmos entier, même à des intervalles qui décon-
certent l'imagination, un pralaya succédera à un
manvantara et un manvantara à un pralaya.

Quel est le but de cette succession éternelle?
nous demandera-t-on. Il vaudrait mieux limiter la
question à un seul système et demander : dans quel
but la nébuleuse originelle s'organise-t-elle en
centres planétaires d'évolution et produit-elle des
mondes dans lesquels l'esprit universel, pénétrant
dans la matière, suscite la forme et la vie, ainsi
que ces états de matière élevée où ce que nous
nommons l'existence subjective ou spirituelle peut
s'exercer? Certes c'est un but capable de satisfaire les plus difficiles, que la venue à l'existence
d'êtres aussi parfaits et sublimes que les Esprits
planétaires, descendus pour vivre une vie consciente de connaissance et de félicité suprêmes, à

travers des périodes de temps équivalentes à tout
ce que nous pouvons concevoir de l'éternité. Tout
être vivant a la possibilité de parvenir à cette
grandeur ineffable. L'Esprit présent dans toute
forme animée, et qui, sorti de ces formes que
nous avons accoutumé de dénommer inanimées,
s'est élevé jusqu'aux formes animées, progressera
lentement, mais sûrement, jusqu'à ce que l'action
de son inlassable influence sur la matière ait produit une âme humaine ; cela ne veut pas dire que
les plantes et les animaux qui nous entourent, aient
déjà évolué un principe capable de prendre une
forme humaine au cours du présent manvantara ;
mais quoique le cours d'un cycle incomplet puisse
être arrêté par une période naturelle de repos, il
n'est pas, pour cela, rendu abortif. Chaque monade spirituelle, principe en lui-même innocent et
inconscient, s'élèvera éventuellement, à travers des
formes conscientes sur les niveaux inférieurs, et
donnera naissance, au fur et à mesure, à des formes de plus en plus élevées, jusqu'à ce qu'apparaisse celle dans laquelle la Conscience Divine
peut se réfléchir pleinement. Ce n'est certainement
pas en raison de la grandeur des conceptions que
l'homme a pu se faire d'un motif admissible pour
l'existence de l'univers, qu'une telle fin peut
sembler un but insuffisant ; non, pas même si la
destinée de l'Esprit planétaire lui-même (après
des périodes auprès desquelles son développement,
depuis les formes minérales dans les mondes pri-

mitifs, n'est qu'une enfance dans les souvenirs de l'homme) est de confondre son individualité glorifiée dans cette conscience totale, dénommée par les métaphysiciens ésotériques Absolue Conscience, qui est la non-conscience. Ces expressions paradoxales ne sont que des étiquettes destinées à désigner des idées que la pensée humaine est incapable de saisir ; c'est donc une perte de temps que de s'y arrêter.

Ces considérations nous fournissent la clé du Bouddhisme ésotérique, qui n'est lui-même qu'un dérivé plus direct de la doctrine ésotérique universelle, que ne l'est n'importe quelle autre religion populaire ; car l'effort de sa tentative a été de faire aimer la vertu pour la vertu même et pour sa bienfaisante répercussion sur les incarnations futures des hommes, et non pas de les assujettir à un système ecclésiastique ou à un dogme religieux, en terrifiant leur imagination par la doctrine d'un juge personnel, prêt à les punir pour plus qu'ils n'ont péché, lorsque après leur mort ils paraîtront devant lui. Tout admirable qu'ait été l'intention de M. Lillie, et si sympathique que soit sa pensée, lorsqu'il parle de la belle morale et des aspirations du Bouddhisme, il fait erreur lorsqu'il trouve la notion d'un dieu personnel dans le rituel des temples. Aucune conception de cette sorte n'entre dans la sublime doctrine ésotérique de la Nature, dont ce volume ne présente qu'une esquisse imparfaite. L'adepte, gardien de la doctrine ésotérique, ne tolère aucune tendance à l'agnosticisme, même au sujet des régions les plus éloignées de l'immensité, au delà de notre système planétaire. Il ne lui suffit pas de dire : « Aussi loin que pénètrent les sens des Esprits planétaires, dont les connaissances s'étendent jusqu'aux limites les plus reculées du firmament, — aussi loin que perce leur vision, la Nature se suffit à elle-même ; quant à ce qu'il peut y avoir au delà, nous n'émettons aucune hypothèse. » Ce que l'adepte affirme à ce sujet, c'est que : « L'Univers est infini, et que c'est une aberration de la pensée de parler d'hypothèse au sujet de ce qu'il y a au delà de l'infini, — au delà des limites de l'illimité. »

Ce qui précède toute manifestation de l'univers, ce qui existe au delà de la limite du manifesté, si cette limite pouvait être établie, constitue la base de l'univers manifesté accessible à nos sens, — la matière animée par le mouvement, son Parabrahm, son Esprit. La matière, l'espace, le mouvement et la durée, forment l'unique substance éternelle de l'univers. Rien d'autre n'est éternel absolument. Voilà le premier état de la matière, tout à fait inaccessible à nos sens physiques, qui ne conçoivent que la matière manifestée, laquelle est un état complètement différent. Tout en étant matérialiste dans un sens, ainsi que l'auront reconnu ceux qui ont suivi les explications précédentes, la doctrine ésotérique est aussi loin de ressembler à la notion rudimentaire et étroite de la

Nature, connue ordinairement sous le nom de matérialisme, que le pôle nord est loin du pôle sud. Elle s'abaisse, pour ainsi dire, jusqu'au matérialisme, pour relier ses méthodes à la logique de ce système, puis elle s'élève jusqu'aux plus hauts sommets de l'idéalisme, afin d'embrasser et d'exprimer les aspirations les plus sublimes de l'esprit. Nous ne pouvons le répéter assez souvent et assez énergiquement : elle est l'union de la Science et de la Religion, le pont grâce auquel les plus perspicaces et les plus circonspects parmi les chercheurs de connaissance expérimentale pourront rejoindre l'âme religieuse la plus inspirée, le moyen par quel cette dernière pourra revenir sur la terre, sans cependant quitter le ciel.

CHAPITRE XII

EXPOSÉ SYNTHÉTIQUE DE LA DOCTRINE

Ce n'est qu'après nous être familiarisés avec la doctrine ésotérique que nous pourrons comprendre combien elle s'harmonise avec toutes les vérités naturelles, telles qu'il nous est donné de les observer. Mais il est bon de faire également ressortir les rapports que nous constatons entre l'ensemble de l'enseignement que nous avons exposé, et les phénomènes du monde qui nous entoure.

Si nous commençons par les deux grandes pierres d'achoppement de la philosophie moderne, — le conflit entre le libre arbitre et la prédestination, et l'origine du mal, — nous reconnaîtrons inévitablement que le système de la nature, ici exposé, nous permet d'envisager ces questions avec plus de hardiesse qu'on ne l'a fait jusqu'à ce jour. Jusqu'à présent, les penseurs les plus avisés ont été les moins enclins à prétendre que, soit la métaphysique, soit la religion pussent éclaircir les mystères du libre arbitre et de la prédestination.

La tendance de l'esprit a été de reléguer toute l'énigme dans le domaine de l'inconnaissable. Et, chose curieuse, c'est le cas de personnes qui n'en étaient pas moins disposées par ailleurs à accorder une valeur plus qu'hypothétique aux doctrines religieuses, incapables pourtant de 'se concilier avec leurs propres conclusions les plus évidentes. L'omniscience d'un créateur personnel, s'étendant aussi bien sur l'avenir que sur le passé, interdit absolument à l'homme d'exercer une autorité indépendante sur sa propre destinée, autorité qu'il doit nécessairement faire prévaloir, si la notion d'une punition ou d'une récompense, pour les actes de sa vie, doit être autre chose qu'une criante injustice. Un grand philosophe anglais, abordant résolument la difficulté, déclarait, dans un célèbre essai posthume, que, suivant cette idée, il était impossible que Dieu fût, en même temps, souverainement bon et souverainement puissant. On peut logiquement l'investir de l'un ou de l'autre de ces attributs, mais certainement pas des deux. L'argument fut traité avec les égards dus à la réputation de l'auteur, mais mis de côté avec la réserve coutumière de ceux qui vénèrent l'orthodoxie.

La doctrine ésotérique vient à notre secours pour surmonter cette difficulté. En premier lieu, elle tient franchement compte de la proportion insignifiante de notre monde, comparé au reste de l'univers. L'Eglise chrétienne primitive avait

une crainte instinctive de cette vérité naturelle, et
elle la combattit avec la cruauté qu'inspire la peur.
Elle la déclara contraire à l'évidence et, pendant
des siècles, elle persécuta ses partisans. Lorsque
cette vérité fut enfin reconnue au delà même de
toute possibilité de dénégation papale, l'Eglise eut
recours à « l'expédient désespéré », comme le dit
Mr. Rhys Davids, de prétendre que cela n'avait
aucune importance.

Jusqu'à présent, cette défaite a été plus heu-
heuse que ses auteurs ne pouvaient le supposer.
Lorsqu'on craignait les découvertes astronomiques,
on prêtait au monde, en général, une logique plus
inexorable que celle que, par la suite, il se montra
disposé à employer. On est généralement porté à
faire ce que je disais que le Bouddhisme ésotérique nous conseille de ne pas faire, de tenir sa
science et sa religion dans des compartiments
étanches. Ce principe a été dénoncé si longtemps
et si efficacement, que démontrer son impossibilité a cessé d'être un argument contre la valeur d'un
dogme religieux. Mais lorsque nous relions nos
compartiments étanches et que nous rétablissons
le niveau, nous sommes forcés de constater combien l'insignifiance de la terre rabaisse, proportionnellement, la plausibilité des théories qui veulent que le détail de nos vies intéresse l'omniscience d'un créateur universel. Au contraire, il est
déraisonnable de supposer que les créatures qui

peuplent une des plus petites planètes, d'un des plus petits soleils dans cet océan de l'univers, où les soleils ne sont que des gouttes d'eau dans la mer, puissent se soustraire d'une manière quelconque au principe général de la soumission à une loi. Or ce principe est incompatible avec le caprice qui est un des éléments essentiels du sens du mot prédestination, dans les discussions traditionnelles des problèmes que nous étudions. Car remarquons que la prédestination qui contredit le libre arbitre n'est pas la prédestination des races, mais la prédestination individuelle associée aux idées de la grâce ou du couroux divin. La prédestination des races, d'après des lois analogues à celles qui régissent la tendance générale d'une multitude de chances distinctes, est parfaitement compatible avec le libre artibre individuel, et voilà pourquoi la doctrine ésotérique réconcilie les vieilles contradictions de la nature. L'homme dirige sa propre destinée dans des limites pour ainsi dire constitutionnelles ; il est libre de faire usage de ses droits naturels, dans les limites de ces droits et, dans la pratique ils sont infinis, en ce qui le concerne, lui, unité individuelle. Mais en considérant une grande quantité d'unités, la moyenne des actes humains, dans des conditions données, suffit à expliquer l'évolution certaine des cycles qui constituent leur destinée collective. Sans doute, on peut revendiquer la prédestination individuelle, non dans le sens d'un dogme religieux de la grâce ou du courroux divin, mais sur le terrain purement métaphysique, c'est-à-dire qu'on peut supposer que chaque créature humaine, pendant l'enfance, est sujette aux mêmes influences, par suite d'une communaté de milieu, et que, par conséquent, la vie de l'adulte n'est que le produit ou l'impression de toutes les circonstances qui ont influencé son existence dès le commencement, de sorte que si ces circonstances étaient connues, on en connaîtrait également le résultat moral et intellectuel. En suivant ce raisonnement, on arrive à conclure qu'une intelligence suffisamment pénétrante pourrait, en théorie, connaître les circonstances de la vie de chaque homme ; que les tendances héréditaires, par exemple, ne sont que le produit de circonstances antérieures, entrant dans ce calcul comme une perturbation, mais n'en étant pas pour cela moins calculables. Toutefois, cet argument reste en contradiction directe avec la conscience humaine, tout autant que le dogme religieux de la prédestination individuelle. Le sentiment du libre arbitre est un des facteurs de la question qu'il est impossible d'ignorer, et le libre arbitre, dont nous avons ainsi conscience, est autre chose qu'une impulsion automatique comparable à l'excitation électrique des membres d'une grenouille morte. Le dogme religieux et l'argument métaphysique modernes veulent que nous le considérions sous ce jour ; mais la doctrine ésotérique lui restitue sa vraie dignité, en nous montrant l'étendue de son activité et les limites de sa souveraineté. Il est souverain sur la carrière individuelle, mais il est impuissant en présence de la loi cyclique, dont un philosophe même aussi positif que Draper a reconnu l'existence dans l'histoire humaine, si courte que soit la période qu'il lui était possible d'embrasser. Et ce « sable mouvant » que John Stuart Mill distinguait à côté des contradictions théologiques, — la question de savoir si la spéculation doit prendre parti pour l'hypothèse du Dieu tout-bon ou du Dieu tout-puissant, — trouve également sa solution dans le système que nous venons d'exposer. Ces êtres sublimes, efflorescence parfaite d'une humanité antérieure, qui, loin de personnifier un Dieu suprême, règnent cependant d'une façon divine sur la destinée de notre monde, non seulement ne sont pas omnipotents ; mais tout puissants qu'ils sont, leur action est restreinte dans des limites relativement étroites. Il semblerait que lorsque, pour ainsi dire, le théâtre est de nouveau préparé pour la représentation d'un autre drame de la vie, ils sont capables d'introduire dans l'action des améliorations puisées dans leur propre expérience du drame où ils ont joué un rôle; mais, en ce qui concerne le plan général de la pièce, ils ne peuvent que répéter ce qui a été joué auparavant. Ils font en grand ce qu'un jardinier fait en petit avec des dahlias ; il obtient des perfectionnements considérables de forme et de couleur, mais quoique soigneusement cultivées, ses fleurs sont toujours des dahlias.

N'est-ce donc pas déjà une présomption en faveur de la doctrine ésotérique que de voir les analogies naturelles l'appuyer à chaque pas? Les anciens philosophes occultes écrivaient que ce qui est en haut est analogue à ce qui est en bas ; le microcosme est le miroir du macrocosme. La nature entière confirme la règle, dans les limites de nos observations physiques, en tant que cet espace limité peut fournir un principe. La conformation des animaux inférieurs est reproduite dans les animaux supérieurs, voire même dans l'homme; les fibres délicates de la feuille se ramifient comme les branches de l'arbre, et le microscope nous révèle que ces ramifications se répètent au delà de notre vision normale. Les courants d'eau pluviale, chargés de poussières, déposent dans les flaques d'eau qu'ils forment, sur le bord de la route, « des roches sédimentaires », ainsi que le font les rivières dans les lacs, et les grands fleuves dans le lit de l'océan. Le travail géologique d'une mare et celui d'un océan ne diffèrent que par le degré : la différence que la doctrine ésotérique nous fait constater dans l'opération des lois les plus sublimes de la nature, vis-à-vis de l'homme et vis-à-vis de la grande famille planétaire, n'est aussi qu'une différence de degré. De même que les enfants de chaque génération sont guidés par leurs parents

dans leur jeune âge, et grandissent pour guider, à
leur tour, la génération suivante, de même dans
l'ensemble de l'humanité des grandes périodes
manvantariques, les hommes d'une génération deviennent les Dhyan-Choans de la suivante, pour
céder ensuite leur place à leurs descendants, quand
les temps sont révolus, et passer eux-mêmes dans
des conditions supérieures d'existence.

La doctrine ésotérique traite la question de
l'existence du mal avec non moins d'autorité que
celle du libre arbitre. Ce sujet a été discuté, en
son lieu, dans le chapitre précédent sur le progrès
de l'humanité ; mais on reconnaîtra que la doctrine ésotérique serre de plus près le grand problème que par une simple déclaration de la manière
dont le libre arbitre humain (que la nature se
propose d'élever jusqu'au niveau du Dhyan-
Choan) doit, par hypothèse, être libre d'engendrer
le mal, si tel est son bon plaisir. Ceci s'applique
au principe général sommaire, mais il est possible
de suivre sa marche jusque dans les détails du présent enseignement avec une égale facilité. Il agit
par le Karma physique, et ne peut qu'agir ainsi,
sauf par une suspension de cette loi invariable
qu'une cause produit infailliblement un effet.
L'homme objectif qui naît dans le monde physique
est aussi bien une créature de la personnalité qu'il
avait animée auparavant, que l'homme subjectif
qui a, entre temps, vécu de l'existence dévakha-

nique. Le mal que font les hommes continue à vivre après eux d'une manière plus réelle que ne se l'imaginait Shakespeare. Comment se fait-il, nous demandera-t-on, que la faute morale d'un homme, pendant une existence, soit la cause qu'il naisse aveugle ou estropié à une période différente de l'histoire, quelques milliers d'années plus tard, de parents avec lesquels il n'avait eu aucune relation physique pendant sa vie antérieure? Il est des plus aisé de résoudre cette difficulté en étudiant le monde d'opération des affinités. L'enfant aveugle ou estropié, par rapport à son corps physique, peut aussi bien être le créateur que le produit des circonstances locales. Mais il n'eût pas existé, si une monade spirituelle ne se fût trouvée cherchant à se réincarner, possesseur d'un cinquième principe (ou du moins de ce qui persiste du cinquième principe) précisément adapté, en vertu de son Karma, pour habiter ce corps en formation. Dans ces circonstances, l'enfant imparfaitement organisé est conçu et mis au monde, pour être une cause de tourment pour lui-même et pour les autres, — un effet qui, à son tour, devient une cause, — et une énigme vivante pour les philosophes qui s'efforcent d'expliquer l'origine du mal.

Le même argument s'applique, avec quelques variantes, à une infinité de cas, qu'on pourrait citer pour éclairer le problème du mal sur cette terre. De plus, il touche incidemment à une question relative à l'opération de la loi karmique, que nous ne qualifierons pas de difficulté, car la réponse serait suggérée par les principes de la doctrine elle-même, mais qui mérite, cependant, d'être prise en considération. L'assimilation sélective des esprits chargés de Karma, avec une parenté qui correspond à leurs besoins et à leur mérite, fournit l'explication évidente qui concilie la renaissance avec l'atavisme et l'hérédité. L'enfant qui vient de naître parait reproduire les particularités morales et mentales de ses parents ou de ses ancêtres, de même que leur ressemblance physique, et ce fait nous donne à croire que son âme est autant le rejeton de l'arbre généalogique que son corps physique. Nous croyons inutile de nous étendre ici sur les nombreuses incertitudes qui entourent cette théorie, ou sur l'extravagance qu'il y a à supposer qu'une âme, lancée comme une étincelle de l'enclume, n'ayant aucun passé spirituel derrière elle, puisse avoir un avenir spirituel en perspective. L'âme qui, suivant cette hypothèse, ne serait qu'une simple fonction du corps, disparaîtrait nécessairement avec la dissolution de ce qui l'aurait engendrée. Quant à la transmission des caractéristiques, la doctrine ésotérique nous donne une explication complète du phénomène, ainsi que de tous ceux qui se rattachent à la vie humaine. Pour l'esprit qui se réincarne, la famille dans laquelle il naît devient ce qu'est une nouvele planète pour la vague humaine, pendant une ronde sur la chaîne manvantarique. Cette planète a été édifiée par un procédé d'évolution qui suit une ligne transversale à celle par laquelle l'humanité s'avance ; mais elle est prête à recevoir l'humanité, lorsque l'heure sonnera.

De même pour l'esprit qui se réincarne ; il s'avance dans le monde objectif après épuisement des influences qui le retenaient dans la condition dévakhanique, et il met en jeu le déclanchement naturel, si nous pouvons nous exprimer ainsi, et provoque le développement d'un enfant qui, sans cette impulsion, n'eût été qu'une potentialité et non un véritable développement ; il trouve alors, dans ses parents, — inconsciemment, et par l'opération aveugle de ses affinités, — les conditions précises d'une vie nouvelle, pour laquelle il s'est préparé pendant sa dernière existence. Sans doute nous ne devons pas oublier qu'il y a des exceptions à toutes les règles générales. Il peut arriver, comme dans le cas présent, qu'un simple accident cause un dommage à l'enfant au moment de sa naissance. Un corps estropié échoit ainsi à un esprit, dont le Karma n'a nullement mérité cette peine ; il en est ainsi de beaucoup d'accidents. Mais, tout ce que nous pouvons dire, c'est que la nature n'en est pas embarrassée ; elle a tout le temps de les compenser. La souffrance imméritée d'une existence est largement compensée dans la suivante, ou dans d'autres encore, sous l'opération de la loi karmique. Le temps ne fait pas défaut pour équilibrer les comptes, et je crois que les adeptes affirment, comme une chose certaine, que les souffrances imméritées opèrent, à la longue, plutôt comme un bienfait qu'autrement, tirant ainsi, de l'observation scientifique de la réalité, un enseignement que la religion a bénévolement inventé pour la consolation des affligés.

Tandis que la doctrine ésotérique nous donne ainsi une solution inattendue du plus inquiétant des phénomènes de la vie, elle le fait sans sacrifier aucun des attributs que nous savons appartenir à toute véritable science religieuse. Une des premières conditions d'un pareil système est qu'il ne doit tolérer aucune injustice, qu'elle soit un tort causé aux non méritants, ou un bénéfice accordé aux indignes ; la justice de l'opération doit être manifeste, aussi bien dans les grandes choses que dans les petites. Pour la faiblesse humaine, la maxime légale : *de minimis non curat lex,* est une échappatoire aux conséquences de ses propres imperfections. Il n'y a pas de détails négligeables pour la chimie ou pour la mécanique. Dans ses opérations physiques, la nature répond avec exactitude aux petites causes aussi bien qu'aux grandes, et nous sommes instinctivement certains qu'elle n'a pas accoutumé de traiter ses opérations spirituelles avec moins d'égards ; d'ignorer les petites dettes dans sa préoccupation de solder les grandes, comme le ferait un commerçant, d'intégrité douteuse, qui se contenterait de respecter les engagements assez sérieux pour être passibles de la loi. Or, les menus actes de la vie, les bons aussi bien que les mauvais, sont nécessairement ignorés sous un régime pour lequel le but final n'est que l'admission ou la non-admission à une condition d'uniforme ou presque uniforme félicité. Même en ce qui concerne le mérite ou le démérite purement spirituel, la nature ne peut répondre avec exactitude que par la condition infiniment graduée d'existence spirituelle, connue dans la doctrine ésotérique sous le nom de Dévakhan. Mais la complexité du problème à résoudre est trop grande pour qu'y satisfasse même l'infinie variété des conditions d'existence dévakhanique. Aucun système de conséquences appliqué à l'humanité après la vie présente n'est scientifiquement adéquat à la difficulté en jeu, s'il ne répond à un sentiment de justice à l'égard des nombreux actes et habitudes de la vie, sans en excepter ceux qui ont trait seulement à l'existence physique, et ne sont ni franchement bons, ni franchement mauvais.

Or, ce n'est qu'en revenant à l'existence physique qu'on récolte avec une parfaite précision le fruit des causes mineures, engendrées dans la dernière vie objective ; de sorte qu'après un examen consciencieux de la question, nous devons reconnaître que la loi karmique, si peu attrayante jusqu'ici pour les étudiants du Bouddhisme sous sa forme exotérique (ce qui ne nous étonne nullement), non seulement satisfait au sentiment de justice, mais constitue, à notre avis, l'unique façon naturelle d'y parvenir. Une fois que nous aurons compris comment une individualité permanente traverse les naissances karmiques successives, en tenant compte de la suite correspondante d'existences spirituelles intercalées entre elles, l'exquise symétrie de tout le système ne sera nullement troublée par cette nécessité qui répugne si fort, à première vue, aux critiques : les bains d'oubli successifs qu'aura à traverser l'esprit qui se réincarne. Bien au contraire, cet oubli est la seule condition qui permettent de recommencer avantageusement la vie objective. Peu de vies terrestres sont entièrement exemptes de tristesses, et leur souvenir ne pourrait qu'assombrir la nouvelle existence de l'ancienne personnalité. Si l'on allègue que l'oubli de la dernière existence entraîne une perte d'efforts, d'expérience et de connaissances intellectuelles péniblement et laborieusement acquises, on ignore complètement, en faisant cette objection, la vie dévakhanique dans laquelle, loin d'être perdus, tous ces efforts et tous ces talents sont les semences qui produiront plus tard une glorieuse moisson de résultats spirituels. Donc, plus nous étudions la doctrine ésotérique, plus nous voyons clairement que chaque objection est aussitôt réfutée, et ne semble être une objcetion que par suite de l'imperfection de nos connaissances.

Laissant de côté les abstractions, pour envisager la question au point de vue pratique, comparons la doctrine ésotérique avec les faits d'observation, sous leurs divers aspects, dans le but de contrôler son enseignement. Une science spirituelle, capable de définir avec succès la vérité absolue, doit savoir expliquer les phénomènes de notre terre, lorsqu'elle s'occupe de la terre. Un dogme religieux en contradiction flagrante avec la vérité d'observation, quant à la géologie et à l'astronomie, trouvera peut-être des églises ou des congrégations désireuses de lui faire écho, mais il ne mérite pas d'être pris sérieusement en considération par les philosophes. Comment donc la doctrine ésotérique cadre-t-elle avec la géologie et l'astronomie ?

Ce n'est pas une exagération de dire qu'elle est le seul système religieux qui s'accommade des phénomènes physiques découverts par les investigations modernes, dans ces branches de la science. Elle s'accorde si bien avec eux, pour accepter l'hypothèse des nébuleuses et celle de la stratification des terrains, qu'elle va, pour ainsi dire, au-devant de ces faits, et ne saurait exister sans eux. Elle n'ignore pas les importantes découvertes de la biologie moderne ; en tant que système se recommandant à l'attention d'un âge scientifique, elle ne peut nier les dernières acquisitions de la géographie physique et elle sait même gré, au professeur Tyndall, de quelques-unes de ses expériences sur la lumière, car, dans certaine occasion, dans *Fragments of Science,* où il décrit le phénomène sans en connaître exactement la portée, il dit avoir provoqué des conditions, dans un tube de verre, qui lui permirent de voir les élémentals pendant un court espace de temps.

La stratification de l'écorce terrestre est naturellement une preuve claire et visible des cataclysmes qui séparent les races. La science physique commence à perdre sa timidité, due à l'insolente tyrannie de la superstition religieuse, mais elle garde encore quelques ménagements, par pure habitude, vis-à-vis du dogme. Ainsi la géologie se contente d'affirmer que tel ou tel continent a été plus d'une fois submergé, et s'est de nouveau élevé au-dessus de la surface de l'océan, ainsi que le témoignent les dépôts de coquillages. La géologie n'a pas encore appris à user librement de ses avantages dans toute spéculation qui touche au domaine religieux. Mais il est évident que si la géologie consentait à grouper toutes ses acquisitions en une histoire synthétique de la terre, en comblant les lacunes de ses connaissances par les hypothèses les plus plausibles, elle pourrait déjà doter l'humanité d'une histoire qui, dans ses grandes lignes, ressemblerait étonnamment à celle que nous avons esquissée dans le chapitre précédent touchant les grandes périodes mondiales ; et plus les découvertes géologiques feront de progrès, disent nos maîtres ésotériques, plus apparaîtra la correspondance entre la doctrine ésotérique et la science des vestiges du passé. Nous voyons déjà que les savants du « *Challenger* » affirment l'existence de l'Atlantide, malgré la répugnance du monde scientifique à l'admettre, ce qui a empêché les arguments en faveur du continent englouti d'être jusqu'à présent généralement appréciés. Déjà les géologues réfléchis ne sont pas loin de reconnaître qu'en ce qui concerne les forces qui ont façonné notre terre, la période comprenant l'époque des traces historiques peut bien n'être qu'une période d'inertie et de changement lent ; qu'il est possible que de grands changements, dus à des cataclysmes, soient venus s'ajouter, dans les temps reculés, à ceux de l'affaissement graduel, de l'élévation et de la dénudation de l'écorce terrestre. C'est là déjà un pas vers l'admission définitive de ce fait, assez satisfaisant comme hypothèse, que de grandes élévations et submersions continentales se produisent alternativement ; que la carte entière du monde n'est pas seulement transformée à diverses reprises comme les images du kaléidoscope, lorsque les fragments de verre coloré se déplacent, mais qu'elle est en outre sujette à des changements systématiquement périodiques, qui remettent les choses en état, après d'énormes intervalles.

En attendant de nouvelles découvertes, on admettra peut-être que nous possédons déjà un stock suffisant de connaissances géologiques, pour confirmer la cosmogonie de la doctrine ésotérique. Ne nous étonnons donc pas, de la part des gardiens de la doctrine, qu'ils l'aient tenue secrète si longtemps pour le monde en général, puisque la science n'avait pas encore ouvert le chemin pour son intelligence. Il reste à savoir si la génération actuelle saura apprécier l'importance de la corrélation de cet enseignement ésotérique avec les données que nous possédons déjà de la nature.

Nous constatons cette corrélation, tant dans la biologie que dans la géologie. La grande théorie de Darwin que l'homme descend du règne animal, n'est pas la seule confirmation de la doctrine ésotérique que nous devions à cette branche de la science. Les dernières recherches dans le domaine de l'embryologie sont particulièrement intéressantes, en ce qu'elles jettent un flot de lumière sur plus d'une partie de cette doctrine. Ainsi, cette vérité qui nous est familière aujourd'hui, que les degrés successifs du développement inter-utérin correspondent aux stades de l'évolution humaine dans les différentes formes de la vie animale, n'est rien de moins qu'une révélation, pour sa portée analogique. Non seulement elle renforce l'hypothèse même de l'évolution, mais elle nous fournit une image remarquable de l'opération de la nature, ·

dans l'évolution de nouvelles races humaines, au début des grandes rondes. Lorsque le développement d'un enfant a son origine dans un germe si simple dans sa structure, qu'il appartient moins au règne animal, — moins au règne végétal, même — qu'au règne minéral, nous remontons, pour ainsi dire, à pas de géants, l'échelle familière de l'évolution. Les notions d'évolution, pour l'élaboration desquelles il a fallu d'abord des siècles sans nombre sur toute une chaîne planétaire, sont gravées, une fois pour toutes, dans la mémoire de la nature, de façon qu'elles se reproduisent dorénavant dans l'espace de quelques mois. Il en est de même de la nouvelle évolution de l'humanité sur chaque planète, au fur et à mesure du progrès de la vague vitale. Dans la première ronde, le processus est fort lent et ne fait pas beaucoup de chemin. Les idées de la nature sont elles-mêmes en évolution. Mais lorsque ce processus a été accompli une première fois, il se répète facilement. Dans les rondes ultérieures, l'impulsion vitale parcourt la gamme de l'évolution avec une facilité que seul l'exemple de l'embryologie nous permet d'apprécier. C'est là l'explication des différences de caractère que nous constatons entre une ronde et la précédente. L'œuvre évolutive une fois accomplie se répète sans difficulté ; et, ensuite, la ronde accomplit sa propre évolution à une allure bien plus lente, de même qu'un enfant, parvenu au plein développement du type humain, accomplit sa croissance individuelle avec lenteur en comparaison des étapes primitives de son développement initial.

Je ne crois pas qu'on s'attende à trouver ici une comparaison détaillée entre le Bouddhisme exotérique et le système de la nature que j'ai exposé bien sommairement, si nous tenons compte de son étendue et de son importance, mais néanmoins assez clairement pour donner au lecteur une idée générale de l'ensemble du système dans toute son ampleur. Ceux qui ont déjà acquis une certaine expérience de la littérature bouddhiste, seront plus à même de faire usage de la clé qui ouvre la porte secrète des énigmes qu'elle renferme à l'aide des éclaircissements que nous avons donnés. On comblera alors facilement les lacunes de l'enseignement du Bouddha, tout en comprenant pourquoi il les a faites. Je trouve, par exemple, dans le livre de Mr. Rhys Davids, ce qui suit : « Le Bouddhisme n'essaye pas de résoudre le problème de l'origine de toutes choses »; et, se référant au *Manuel du Bouddhisme* de Hardy, il ajoute : « Lorsque Malunka demanda au Bouddha si le monde était éternel ou non, Gautama ne lui répondit pas, parce qu'il jugeait cette question inutile. » Certes il esquiva le sujet, ne pouvant y répondre par un simple oui ou non, sans égarer le questionneur ; car pour le mettre sur la vraie voie, il eût été obligé de lui faire un exposé complet de la doctrine de

l'évolution de la chaîne planétaire, pour laquelle
la communauté à laquelle le Bouddha s'adressait,
n'était pas encore intellectuellement mûre. Si nous
concluons de son silence qu'il considérait la question elle-même comme inutile, nous commettons
une erreur grave, bien que naturelle en l'absence
de connaissances spéciales. Aucun des systèmes
religieux qui ont tenté d'expliquer publiquement
le problème de l'origine des choses n'a fait plus,
ainsi que nous le reconnaîtrons maintenant, que
d'effleurer la surface de la difficulté, en comparaison des recherches définitives de la science ésotérique, où le Bouddha ne fut pas moins éminent
que comme initiateur moral pour le peuple. Bien
qu'il les ait soigneusement étudiées, Mr. Rhys Davids n'interprète pas moins faussement les conclusions positives du Bouddhisme, que la conclusion
négative dont je viens de parler. Il était inévitable
que toutes les conclusions de cette nature fussent
jusqu'à présent inexactes. J'en cite un exemple,
non pour diminuer en quoi que ce soit le travail
dont il est le fruit, mais pour prouver comment la
lumière faite aujourd'hui sur l'ensemble du sujet pénètre chaque détail et le montre sous un
jour nouveau : — « L'idée fondamentale du Bouddhisme est l'existence d'un monde matériel, ha-
bité par des êtres conscients ; il affirme que tout
est soumis à la loi de causalité et que tout change
constamment quoique imperceptiblement. Cette loi

agit partout ; il n'y a donc ni ciel, ni enfer dans le
sens général du mot. Il y a des mondes habités
par des anges, dont l'existence est plus ou moins
matérielle, suivant le degré de pureté de leurs vies
antérieures ; mais les anges meurent et les mondes
qu'ils ont habités disparaissent. Il y a des lieux
de tourment, où les mauvaises actions des hommes,
ou des anges, produisent des êtres malheureux ;
mais lorsque la force active du mal qui les a en-
gendrés est épuisée, ils disparaissent et les mondes
qu'ils occupent sont éphémères. Le Cosmos tout
entier, — terre, ciel et enfer, — tend toujours à
la rénovation ou à la destruction ; il change constamment au moyen de révolutions ou de cycles,
dont le commencement est aussi inconnu et inconnaissable que la fin. Ni les hommes, ni les dieux
ne font exception à cette loi universelle de combi-
naison et de dissolution ; l'unité des forces qui
constitue l'être conscient doit, tôt ou tard, se dissoudre et c'est par pure ignorance et en vertu
d'une illusion que cet être se berce du rêve qu'il
est une entité distincte dont l'existence se suffit à
elle-même. »

Nous reproduisons ce passage pour montrer
combien les notions populaires de la philosophie
bouddhiste sont des déformations manifestes de la
véritable philosophie ésotérique. Assurément cette
philosophie ne découvrira le ciel ou l'enfer immuable et éternel des légendes monacales, ni dans
l'univers, ni dans les convictions d'un penseur

vraiment éclairé, asiatique ou européen ; mais le monde dans lequel « vivent les anges » et tout le reste, — le plan vivant quoique subjectif de l'état dévakhanique, — existe certainement dans la nature. Il en est de même de toutes les autres théories du Bouddhisme, que nous avons exposées. Mais, sous leur forme populaire, elles ne sont que la caricature de l'enseignement ésotérique correspondant. Ainsi, la notion que l'individualité n'est qu'une illusion, et celle de la dissolution finale de l'être conscient sont parfaitement inintelligibles sans de plus complètes explications, concernant les innombrables vies individuelles dans des conditions inconcevables, mais toujours progressives, d'exaltation spirituelle, qui précèdent l'absorption infiniment éloignée de l'individu dans une condition de non-individualité. Cette condition existe certainement dans un avenir éloigné, mais, en tous cas, celui qui n'est pas initié est incapable d'en sonder la nature, même d'une façon vaguement approximative. En traitant la question du Nirvâna, aussi bien que celle de l'illusion de l'individualité, les commentateurs de la doctrine exotérique du Bouddhisme ont été mis dans l'embarras par quelques anciens éléments de la grande doctrine, qu'ils imaginaient être les vues du Bouddhisme sur les conditions qui suivent cette vie. Cette idée, qui paraît absurde présentée hors de son cadre, dans l'ensemble de la doctrine n'est plus un outrage à l'intelligence, mais bien une vérité sublime, lorsqu'on la remet à sa place dans l'ensemble des autres vérités. L'absorption finale de l'homme-dieu parfait, ou Dhyan-Choan, dans la conscience absolue du para-nirvâna, n'a rien à faire, soit dit en passant, avec « l'hérésie de l'individualité » qui a trait aux personnalités physiques. J'y reviendrai tout à l'heure.

Mr. Rhys Davids dit assez justement, à propos du sommaire de la doctrine bouddhiste que nous venons de citer : « Cet enseignement n'est pas particulier au Bouddhisme, et de pareilles conceptions forment le fond des philosophies hindoues primitives. » (Evidemment, puisque le Bouddhisme, en tant que doctrine, était, lui-même, la philosophie hindoue primitive.) « On les retrouve dans d'autres systèmes, appartenant à des époques et à des nations fort éloignées les unes des autres; et le Bouddhisme, en reprenant la vérité qu'elles renferment, aurait pu lui fournir une expression plus décisive et durable, s'il n'avait aussi adopté la curieuse doctrine de la transmigration des âmes, — doctrine qui paraît avoir surgi indépendamment, sinon simultanément, dans les vallées du Gange et du Nil. — On s'est servi du mot de transmigration, à diverses époques et en divers pays, pour désigner des théories semblables, il est vrai, mais très opposées ; et le Bouddhisme, en embrassant l'idée du Brahmanisme post-védique, la modifia suffisamment pour en constituer, de fait, une nouvelle hypothèse. De même que l'ancienne, la nouvelle hypothèse a trait à la vie dans des naissances antérieures et futures, mais ne contribue en rien au soulagement ici-bas, pendant cette vie, du mal qu'elle était censée expliquer. »

Le présent volume doit avoir dissipé le malentendu qui fait le fond de ces remarques. Le Bouddhisme n'admet rien de semblable à ce constant va-et-vient, entre les formes animale et humaine, qu'on entend généralement par transmigration des âmes. La transmigration du Bouddhisme est la transmigration de l'évolution darwinienne, développée scientifiquement, ou plutôt étudiée à fond dans les deux sens. Les livres bouddhistes contiennent certes des allusions à des existences antérieures, où le Bouddha lui-même aurait été tantôt un animal, tantôt un autre. Mais ces allusions visent la période lointaine de l'évolution pré-humaine, à laquelle sa clairvoyance pleinement développée lui donnait accès. Nous n'avons pas connaissance d'un seul livre bouddhiste authentique, qui soutienne la thèse qu'une créature humaine ayant atteint le développement humain puisse retomber dans le règne animal. En outre, tandis que rien ne saurait être aussi insuffisant, pour expliquer l'origine du mal, qu'une caricature de la transmigration des âmes qui accepterait une pareille régression, les renaissances progressives des Egos humains dans la vie objective, associées à l'opération du Karma physique et du libre arbitre dans les limites de son exercice, expliquent l'origine du mal d'une façon claire et définitive. Le but de la nature étant de produire une nouvelle moisson de Dhyan-Choans au moment de l'évolution d'un système planétaire, l'apparition fortuite d'un mal transitoire est une conséquence inévitable de l'opposition des forces engagées qui, elles-mêmes, représentent les étapes inévitables de la prodigieuse entreprise.

En reprenant les longues études de Mr. Rhys Davids sur ce sujet et sur celui des Skandhas, le lecteur se rendra compte qu'il est impossible d'édifier une théorie rationnelle de l'origine du mal, avec les matériaux exotériques employés dans ce livre. D'autre part, ces matériaux ne fournissent pas l'explication exacte du passage ci-dessous, extrait du Brahmajala-Soutra : « Après avoir démontré d'où provenait la croyance en l'existence éternelle de Dieu ou des dieux, Gautama aborde la discussion de la question de l'âme, et mentionne trente-deux opinions à ce sujet, qu'il déclare toutes erronées. Voici brièvement leur teneur : « Sur quel principe ou quelle preuve les mendiants ou les Brahmanes basent-ils la doctrine de l'existence future ? Ils enseignent que l'âme est matérielle ou immatérielle, ou tous deux, ou ni l'un ni l'autre ; qu'elle possède une sorte de conscience ou plusieurs ; que son pouvoir de perception est restreint ou illimité ; qu'elle vit dans la joie ou dans la souffrance, ou bien ni dans l'une, ni dans l'autre. Ce sont là les seize hérésies qui enseignent qu'il y a une existence consciente après la mort. Puis viennent huit hérésies qui enseignent que l'âme, matérielle ou immatérielle, ou tous les deux, ou ni l'un ni l'autre, finie ou infinie, ou tous les deux, ou ni l'un ni l'autre, jouit d'une existence consciente après la mort. Et, enfin, huit autres qui prétendent, des huit manières précédentes, que l'âme existe après la mort, dans un état qui n'est ni conscient ni inconscient. Et le sermon se termine ainsi : Mendiants, ce qui unit le maître à l'existence (c'est-à-dire *Tanha,* la soif) est retranché ; mais son corps reste. Tant que celui-ci subsiste, il est visible aux dieux et aux hommes ; mais lorsque la vie cesse, après la dissolution du corps, il n'est visible ni pour les dieux, ni pour les hommes. » Est-il possbile de nier plus complètement et plus catégoriquement l'existence de l'âme, ou d'un principe quelconque qui continuerait d'exister d'une manière quelconque après la mort? »

Sans doute, pour les étudiants exotériques, ce passage semblerait en contradiction flagrante avec la doctrine bouddhiste des passages successifs d'une même individualité par de nombreuses incarnations, car elle peut ainsi, par une autre voie, affirmer l'existence d'une âme transmissible, aussi catégoriquement que la nie le paragraphe ci-dessus. On ne peut concilier les divers aspects de la notion de l'immortalité, sans une connaissance exacte des sept principes de l'homme. Mais la clé que nous en donnons fait évanouir tout doute au sujet de cette contradiction. Dans la dernière citation, le Bouddha parle de la personnalité astrale, tandis que l'immortalité que reconnaît la doctrine ésotérique, est celle de l'individualité spirituelle. L'explication complète a été donnée dans le chapitre sur le Dévakhan et dans les passages cités du *Catéchisme Bouddhique* du colonel Olcott. Ce n'est que depuis que des fragments de la grande révélation contenue dans le présent volume ont vu le jour, pendant les deux dernières années, dans le *Theosophist,* que la différence considérable entre la personnalité et l'individualité, associée à l'idée de l'immortalité de l'homme, a pris une forme concrète ; mais nous pourrions citer maintes allusions, dans les antiques livres occultes, qui prouvent que les anciens auteurs connaissaient cette doctrine. En feuilletant les récents ouvrages occultes, dans lesquels un voile couvre encore la doctrine pour la soustraire à l'observation des gens frivoles, voile pourtant assez transparent par endroits, il serait facile de citer une douzaine de passages qui ont trait à la question. En voici un :

« Les philosophes qui ont expliqué à leur manière la descente dans la génération, considéraient l'esprit comme une chose parfaitement distincte de l'âme. Ils n'admettaient sa présence dans l'enveloppe astrale que s'il s'agissait d'émanations spirituelles, ou de rayons de « l'Etre Radieux ». L'homme et l'âme devaient conquérir leur immortalité, en s'élevant vers l'unité et, s'ils y réussissaient, ils s'unissaient à elle et y étaient pour ainsi dire absorbés. L'individualisation de l'homme après la mort dépendait de l'esprit et non de son corps ou de son âme. Le mot de « personnalité », dans le sens que nous lui attribuons, devient une absurdité, appliqué littéralement à notre essence immortelle ; cependant cette dernière est une entité distincte, immortelle et éternelle *per se* ; et, dans le cas de criminels invétérés, lorsque le fil lumineux qui, depuis la naissance de l'enfant, relie l'esprit à l'âme, est violemment tranché, et que l'entité désincarnée est abandonnée au sort des animaux inférieurs, se dissout dans l'éther et voit son individualité anéantie, — même alors, l'esprit demeure une entité distincte [1]. »

Pouvons-nous lire cela — ou une partie quelconque du chapitre auquel nous l'empruntons — sans reconnaître, à l'aide des explications données dans le présent volume, que l'auteur était familier avec la doctrine ésotérique, aujourd'hui dévoilée dans son ensemble, bien que j'aie eu le

---

1. *Isis Univeiled.*, vol. I, p. 315.

privilège de la présenter, pour la première fois, dans un langage clair et intelligible.

Un sérieux effort mental est indispensable pour saisir la différence existant entre la personnalité et l'individualité ; mais notre besoin de voir se perpétuer l'existence personnelle, et se conserver la mémoire des circonstances éphémères de notre vie physique actuelle, qui constituent notre personnalité, n'est certainement qu'une faiblesse passagère de la chair. Nombre de personnes trouveront irrationnel d'admettre qu'un être vivant de nos jours, dont la mémoire est limitée par son enfance, soit le même individu que tel autre, appartenant à une nationalité et une époque différentes, qui vivait il y a des milliers d'années, ou que celui qui reviendra après un même laps de temps, dans des conditions entièrement nouvelles. Mais le sentiment du « Moi » est le même au travers de ces trois existences, et au travers de centaines d'existences, car il est plus enraciné que celui qui affirme « Je suis Un Tel, de telle stature, de tel poids, possédant telle fortune, avec telles ou telles relations. » N'est-il pas admissible qu'Un Tel, héritant du don de Tithon, changeant de nom de temps en temps, se remariant à chaque nouvelle génération, perdant ici quelque bien, en acquérant là quelque autre, et s'occupant de poursuites différentes suivant les époques, — n'est-il pas admissible, disons-nous, que cette personne ait oublié, après quelques milliers d'années, les circonstances relatives à l'existence actuelle de Un Tel, comme si les incidents de cette vie n'eussent jamais existé pour elle? Et cependant, c'est le même Ego. Si cela est admissible en théorie, pourquoi la continuité individuelle d'une existence *intermittente*, interrompue et reprise à des intervalles réguliers, et coupée par des passages dans une condition d'existence plus pure, ne le serait-elle pas?

La doctrine ésotérique présente le « mystère insondable de Karma » dont Mr. Rhys Davids dispose si sommairement, aussi intelligiblement et scientifiquement qu'elle résout le conflit apparent entre l'identité des individualités successives et « l'hérésie » du libre arbitre individuel. En parlant de Karma, l'auteur cité dit que, parce que le Bouddhiste « ne reconnaît pas l'existence de l'âme », il est obligé d'avoir recours à l'expédient désespéré d'un mystère, pour combler le vide qui sépare une existence de la suivante, dans un lieu différent, — et invente la doctrine de Karma. Il condamne cette idée, en la qualifiant de « folle fiction de l'imagination ». Irrité qu'il est contre ce qu'il considère comme absurdité de la doctrine, il essaie néanmoins patiemment, et avec un grand effort d'ingéniosité, d'extraire des déclarations confuses des écritures bouddhistes au sujet de Karma, quelque chose qui ressemble à une conception métaphysique rationnelle. Il écrit : — « Au point de vue Bouddhiste, Karma évite d'une part le superstitieux extrême de ceux qui croient à l'existence distincte d'une entité que l'on nomme âme ; et de l'autre, l'extrême irreligieux de ceux qui n'ont pas foi en la justice morale et dans la rétribution. Le Bouddhisme prétend avoir fouillé le mot « âme », pour y découvrir la signification qu'il cache, et n'en avoir trouvé aucune, sinon l'une ou l'autre des vingt différentes illusions qui aveuglent l'humanité. Le Bouddhisme est cependant convaincu que si l'homme récolte la souffrance, les déceptions et la douleur, il doit avoir à un moment donné, semé le vice, l'erreur et le péché, sinon dans cette vie, du moins dans une existence antérieure. Dans ce cas, où réside l'identité entre le semeur et le moissonneur? *Dans la seule chose qui persiste* lorsque l'homme meurt, et que les parties constituantes de son être conscient sont dissoutes, c'est-à-dire dans le résultat de ses actions, de son langage et de ses pensées, dans son bon ou son mauvais Karma (littéralement ses actions) *qui est impérissable*. L'aphorisme « Ce que l'homme sème il le récolte » nous est familier, de sorte que nous pouvons comprendre la thèse du Bouddhisme qui affirme que ce que l'homme récolte, il doit l'avoir semé ; nous connaissons également la doctrine de l'indestructibilité des forces, ce qui nous met d'accord avec le dogme bouddhiste (quelque choquant qu'il puisse paraître à des notions chrétiennes), qu'aucune puissance extérieure ne peut détruire le fruit des actions humaines, lesquelles porteront pleinement leurs conséquences jusqu'à la fin. Mais la particularité du Bouddhisme consiste en ce que le résultat des actions humaines ne se divise pas, pour ainsi dire, en courants séparés, il se concentre pour former un nouvel être conscient, nouveau dans ses parties constituantes et ses facultés mais, en somme, le même quant à son essence, son être, ses actions, son Karma. »

Rien n'est plus ingénieux que d'essayer d'expliquer le « Mystère » du Bouddhisme, en arguant que les auteurs du dit mystère l'ont mis en avant de prime abord, comme un « expédient désespéré », pour couvrir leur retraite d'une position intenable. Mais, en réalité, la doctrine de Karma a une histoire moins compliquée et n'exige pas une interprétation si subtile. Comme tant d'autres phénomènes de la nature, se rattachant à la vie future, le Bouddha déclara que c'était un mystère insondable, et refusa de répondre aux questions qu'on lui posait à ce sujet ; mais il ne voulait pas dire par là que, parce qu'il était incompréhensible pour le peuple, il devait l'être pour les initiés de la doctrine ésotérique, ou qu'il fût un mystère pour eux. Il n'eût pu l'expliquer sans références à la doctrine ésotérique ; mais, une fois qu'on a saisi les grandes lignes de cette science, le mystère de Karma, ainsi que tant d'autres, devient comparativement simple, — un mystère, dans le sens de celui de l'affinité que l'acide sulfurique

possède pour le cuivre et son affinité plus grande
encore pour le fer. — Sans doute la science ésotérique tient en réserve des secrets insondés, du
moins pour ses « chélas laïques », comme la science
chimique pour ses chélas à elle, c'est-à-dire pour
tous les étudiants de ses seuls phénomènes physiques. Je ne suis pas en mesure de déterminer par
quels changements moléculaires précis les affinités
élevées qui constituent le Karma sont emmagasi-
nées dans les éléments permanents du cinquième
principe. Mais la science moderne est encore moins
capable d'expliquer pourquoi la molécule d'oxygène abandonne celle d'hydrogène à laquelle elle
était réunie dans la goutte d'eau de pluie, pour
se combiner avec la molécule de fer d'une barre
sur laquelle elle tombe. Le résultat est une tache
de rouille, et on prétend l'expliquer, scientifiquement, en constatant et en invoquant les affinités.

Il en est de même de Karma ; le cinquième
principe s'empare des affinités des actions bonnes et mauvaises pendant le cours de la vie, et
passe avec elles en Dévakhan, où celles qui, pour
ainsi dire, sont appropriées à son atmosphère,
fleurissent et portent des fruits abondants, et il
revient dans le monde objectif avec celles qui n'ont
pas encore épuisé leur énergie. La monade spirituelle chargée de Karma se dirige vers l'incarnation où sa mystérieuse attraction la pousse, aussi
sûrement que la molécule d'oxygène, mise en pré-

sence de cent autres molécules, se combine avec celle pour laquelle elle possède le plus d'affinités. Cela ne veut pas dire que ce procédé crée un nouvel être conscient, sauf en ce que le nouveau corps est un nouvel instrument de sensation. Ce qui persiste, ce qui perçoit la joie ou la souffrance, c'est l'ancien Ego, — pour qui les anciennes aventures terrestres sont cachées par un épais voile d'oubli, bien qu'elles continuent à porter leur fruit, — c'est le même « Moi » qu'auparavant.

« N'est-il pas surprenant », dit Mr. Rhys Davids, « que tout ceci », l'explication de la philosophie bouddhiste qu'il tire des matériaux exotériques — « n'ait pas attiré l'attention des philanthropes et des âmes sensibles, depuis 2.300 ans et plus ; qu'ils se soient fiés au pont en apparence si majestueux que le Bouddhisme a essayé de jeter au-dessus du fleuve des mystères et des souffrances humaines... Ils ignorent que la clé de voûte elle-même, le lien entre deux existences, n'est qu'un vain mot, — cette merveilleuse hypothèse, ce souffle subtil, cette cause imaginaire qui dépasse la raison, — la grâce individualisée et individualisatrice de Karma. »

Il eût été étrange, en vérité, que le Bouddhisme fût édifié sur une base aussi fragile ; mais cette fragilité apparente n'est due qu'à ce que le puissant édifice de sa science a été tenu caché aux regards profanes, jusqu'à ce jour. Maintenant que le voile a été levé sur la doctrine secrète, nous constatons combien peu sa croyance repose sur d'obscures subtilités métaphysiques. Si celles-ci se sont groupées autour du Bouddhisme, la faute est due aux interprétations exotériques de quelques vagues allusions à la doctrine ésotérique, qu'on ne pouvait entièrement retrancher du simple code de morale prescrit pour le peuple.

Nous reconnaissons dans le vrai Bouddhisme une simplicité sublime, aussi sublime que celle de la nature elle-même ; — une loi unique se ramifiant à l'infini. Il existe, sans doute, des complications dans les détails, car la nature elle-même est infiniment complexe dans ses manifestations, bien que son but soit immuablement uniforme ; mais c'est toujours la doctrine immuable des causes et des effets, qui, eux-mêmes, se transforment de nouveau en causes, dans une progression cyclique indéfinie.

FIN

CHAPITRE III

LA CHAINE PLANÉTAIRE

CHAPITRE IV

LES PÉRIODES DES MONDES

CHAPITRE V

DÉVAKHAN

CHAPITRE VI

KAMA LOCA

CHAPITRE VII

LA VAGUE HUMAINE

CHAPITRE VIII

LE PROGRÈS DE L'HUMANITÉ

CHAPITRE IX

BOUDDHA

CHAPITRE X

LE NIRVANA

CHAPITRE XI

L'UNIVERS

CHAPITRE XII

RÉSUMÉ DE LA DOCTRINE

IMP. G. THONE, LIÈGE (BELGIQUE)

RENSEIGNEMENTS

La Société théosophique est un organisme composé d'étudiants appartenant, ou non, à l'une quelconque des religions ayant cours dans le monde. Tous ses membres ont approuvé, en y entrant, les trois buts qui font son objet ; tous sont unis par le même désir de supprimer les haines de religion, de grouper les hommes de bonne volonté, quelles que soient leurs opinions, d'étudier les vérités enfouies dans l'obscurité des dogmes, et de faire part du résultat de leurs recherches à tous ceux que ces questions peuvent intéresser. Leur solidarité n'est pas le fruit d'une croyance aveugle, mais d'une commune aspiration vers la vérité qu'ils considèrent, non comme un dogme imposé par l'autorité, mais comme la récompense de l'effort, de la pureté de la vie et du dévouement à un haut idéal. Ils pensent que la foi doit naître de l'étude ou de l'intuition, qu'elle doit s'appuyer sur la raison et non sur la parole de qui que ce soit.

Ils étendent la tolérance à tous, même aux intolérants, estimant que cette vertu est une chose que l'on doit à chacun et non un privilège que l'on peut accorder au petit nombre. Ils ne veulent point punir l'ignorance, mais la détruire. Ils considèrent les religions diverses comme des expressions incomplètes de la Divine Sagesse et, au lieu de les condamner, ils les étudient.

Leur devise est Paix ; leur bannière, Vérité.

La Théosophie peut être définie comme l'ensemble des vérités qui forment la base de toutes les religions. Elle prouve que nulle de ces vérités ne peut être revendiquée comme propriété exclusive d'une Eglise. Elle offre une philosophie qui rend la vie compréhensible et démontre que la justice et l'amour guident l'évolution du monde. Elle envisage la mort à son véritable point de vue, comme un incident périodique dans une existence sans fin et présente ainsi la vie sous un aspect éminemment grandiose. Elle vient, en réalité, rendre au monde l'antique science perdue, la *science de l'Ame*, et apprend à l'homme que l'âme c'est lui-même, tandis que le mental et le corps physique ne sont que ses instruments et ses serviteurs. Elle éclaire les Ecritures sacrées de toutes les religions, en révèle le sens caché, et les justifie aux yeux de la raison comme à ceux de l'intuition.

Tous les membres de la Société théosophique étudient ces vérités, et ceux d'entre eux qui veulent devenir Théosophes, au sens véritable du mot, s'efforcent de les vivre.

Toute personne désireuse d'acquérir le savoir, de pratiquer la tolérance et d'atteindre à un haut idéal, est accueillie avec joie comme membre de la Société théosophique.

SIEGE DE LA SOCIETE THEOSOPHIQUE EN FRANCE

4, Square Rapp, Paris, 7ᵉ.

Buts de la Société.

1° Former un noyau de fraternité dans l'humanité sans distinction de sexe, de race, de rang ou de croyance.

2° Encourager l'étude des religions comparées, de la philosophie et de la science.

3° Etudier les lois inexpliquées de la nature et les pouvoirs latents dans l'homme.

L'adhésion au premier de ces buts est seule exigée de ceux qui veulent faire partie de la Société.

Pour tous renseignements s'adresser au Secrétariat Général, tous les jours de 3 à 6 h., sauf le dimanche.

Société Théosophique de France

4, SQUARE RAPP, 4

PARIS (VIIe)

— ◆ —

SALLE DE LECTURE

BIBLIOTHÈQUE — CONFÉRENCES

———

Le siège de la Société Théosophique est ouvert tous les jours de la semaine, sauf le dimanche, de 3 à 6 heures.

———

Pour tous renseignements,

s'adresser au Secrétaire Général.

LA FAMILLE THÉOSOPHIQUE

Société Anonyme par actions

4, SQUARE RAPP, PARIS (VIIᵉ)

EXTRAIT DU CATALOGUE
DES PUBLICATIONS THÉOSOPHIQUES

A. BESANT. — *Vers le Temple.* 6.75
    —   *L'avenir imminent.* 4.50
    —   *Dharma.* 2.50
    —   *La Doctrine du Cœur.* 2.25
    —   *Le Karma.* 2.25
    —   *Les Maîtres.* 1.75
    —   *Le Sentier du Disciple.* . . . . . 5.—
H. P. BLAVATSKY. — *La Voix du Silence.* 2.50
Abrégé de la Doctrine Secrète. 16.50
M. COLLINS. — *La Lumière sur le Sentier.* . . . 2.50
C. W. LEADBEATER. — *Echappées sur l'Occultisme.* 5.75
    —   *L'Occultisme dans la Nature.*
           tome I. 8.75
           tome II. . . . . 11.—
    —   *L'autre côté de la Mort.* . 12.—
    —   *De la Clairvoyance.* . . . 5.—
Etc., etc.

———

DEMANDEZ NOTRE CATALOGUE COMPLET

———

Téléphone : Ségur, 74-48.

C. Chèques postaux. Paris, 466.00.

IMP. GEORGES THONE, LIÉGE

IMP. GEORGE THONE
LIÉGE